KB199452

보혜사

A. W. 토저 마이티 시리즈(A. W. TOZER Mighty Series)

토저는 교인수의 성장을 위해서라면 대중의 인기에 야합하고, 거대 기업의 경영방식을 무차별 차용하고, 할리우드 엔터테인먼트 방식을 예배에 도입하는 것에 대해 통렬한 비판을 가하였다. 그는 현대의 교회가 물량적 성장을 위해서라면 교회의 순결성을 포기하는 듯한 자세를 보일 때는 그것을 좌시하지 않고 언제나 선지자의 음성을 발하였다. 듣든지 안 듣든지 이스라엘 교회의 세속화를 준열히 책망했던 예레미야처럼, 토저도 시대에 아부하지 않고 하나님교회의 순정성(純正性)을 파수하기 위해 '강력한'(Mighty) 말씀을 선포했다. 그래서 토저는 '이 시대의 선지자'라는 평판을 들었다. 토저가 신앙의 개혁을 위해 외쳤던 뜨겁고 강력한 메시지를 이 시대의 우리도 들어야 한다. 말씀과 성령에 의한 개혁이 절실히 필요한 이때, 규장에서 토저의 강력한(Mighty) 메시지들을 'A. W. 토저 마이티(Mighty) 시리즈'로 출간한다.

"토저의 설교는 설교단에서 발사되어 청중의 마음을 관통하는 레이저 광선과 같다." - 워런 위어스비

보혜사

A. W. 토저 지음

이용복 옮김

규장

차가워진 나의 심령에
하늘 불을 붙이는 책!

'보혜사'(保惠師)란 성령님에 대한 별칭(別稱)이다(요 14:26). '보혜사' 란 헬라어 '파라클레토스' 를 우리말로 옮긴 것인데, '파라클레토스' 란 직역하면 "옆으로 오도록 부름받은 사람"으로, 곁에서 격려하고 권하는 자를 말한다(영어성경 NIV 에서는 '보혜사' 가 'the Counselor' 로 표기되었다). 성령님이 바로 우리 곁에서 격려하고 권고하시는 분이라는 뜻이다.

이 책 「보혜사」는 토저의 성령론 3부작 가운데 최종 결정판 이다. 1권 「이것이 성령님이다」는 성령님에 대해 기본적으로 꼭 알아야 할 내용을 정리한 책이다. 2권 「홀리스피리트」는 성 령님에 관한 전반적인 사실을 매일매일 묵상할 수 있도록 짧은 단문으로 구성한 책이다. 이제 그 마지막 편인 3권 「보혜사」는 성령님과 나와의 상관관계를 집중적으로 파고드는 가운데 개인 적용을 날카롭게 하는 토저의 수작(秀作) 성령론이다.

토저의 성령론은 바깥세상과는 담을 쌓은 신학교의 철옹성 안에서 풀과 가위로 만든 것이 아니다. 그 자신이 보혜사 성령님을 체험하고, 그것을 성경으로 엄정히 검증한 후에 교회사(敎會史)의 고증과 지원을 받아 전(傳)한 것이다. 그래서 그의 성령론은 오로지 체험만을 떠받드는 반지성주의(反知性主義)에 매몰되지 않는다. 성구(聖句)나 교리(敎理)만을 무미건조하게 나열하는 '죽은 정통주의'에도 빠지지 않는다. 이 책 「보혜사」는 '불 붙는 성령론'을 보여준다. 그리하여 이 책을 보는 독자들은 오순절 날 베드로의 설교를 들은 회중들이 보인 반응을 보이게 될 것이다.

"형제들아 우리가 어찌할꼬"(행 2:37).

토저의 글의 매서운 적용이 우리 가슴을 치게 만드는 이유가 무엇인가? 그는 주류(主流) 사회, 주류 교회의 비위를 맞추기 위해 연연하는 자가 아니었다. 그는 생전에 미국에서 자가용도 없이 지냈다. 그가 출간한 책의 인세(印稅)도 대부분 구제비로 사용했다. 그는 대중의 인기를 좇는 '큰 목사'가 충분히 될 수 있었지만, 대중을 등지더라도 참 하나님의 말씀을 전하는 '고독한 선지자'의 자리에 섰다. 진리의 고독을 감수하는 자가 되었다. 그가 하나님의 고독을 부여안고 시온에서 애통할 때에 우리의 가슴을 치고 뜨거운 눈물을 뿌리게 만드는 메시지를 전하게 된 것이다.

토저의 「보혜사」는 메마르고 차가워진 우리의 심령에 불을 붙이는 하늘 점화제(點火劑)가 될 것이다.

규장 편집국장 김응국 목사

내가 아버지께 구하겠으니 그가 또 다른 보혜사를 너희에게 주사
영원토록 너희와 함께 있게 하시리니
저는 진리의 영이라 세상은 능히 저를 받지 못하나니
이는 저를 보지도 못하고 알지도 못함이라
그러나 너희는 저를 아나니 저는 너희와 함께 거하심이요 또 너희 속에 계시겠음이라
· · ·
보혜사 곧 아버지께서
내 이름으로 보내실 성령 그가 너희에게 모든 것을 가르치시고
내가 너희에게 말한 모든 것을 생각나게 하시리라

요한복음 14장 16,17,26절

한국어판 편집자의 글

A.W. TOZER
THE COUNSELOR

1부

보혜사 성령님을
받을 준비가 되었는가?

|||

성령 충만을 원하는 갈망이 당신 삶의 다른 모든 것들보다 우선해야 한다.

성령 충만을 원하는 갈망보다 더 큰 것이 당신의 삶에 있다면 당신은 결코 성령 충만한 그리스도인이 될 수 없다.

하나님을 사모하는 갈망보다 더 급한 것이 당신의 삶에 있다면 당신은 성령 충만한 그리스도인이 될 수 없다.

1장

보혜사는 예수님이
영광을 받으실 때 임하신다

예수님이 영광을 받으실 때 성령님이 오신다. 우리는 성령님이 오시도록 간청할 필요가 없다.
왜냐하면 구주께서 영광을 받으실 때 성령님이 오시기 때문이다.
그리스도가 진정 높아지실 때 성령님이 오신다.

예수 그리스도의 영광을 위해 오시는 성령님

"오순절 날이 이미 이르매 저희가 다 같이 한곳에 모였더니 홀연히 하늘로부터 급하고 강한 바람 같은 소리가 있어 저희 앉은 온 집에 가득하며 불의 혀같이 갈라지는 것이 저희에게 보여 각 사람 위에 임하여 있더니 저희가 다 성령의 충만함을 받고 성령이 말하게 하심을 따라 다른 방언으로 말하기를 시작하니라 그때에 경건한 유대인이 천하 각국으로부터 와서 예루살렘에 우거하더니 이 소리가 나매 큰 무리가 모여 각각 자기의 방언으로 제자들의 말하는 것을 듣고 소동하여"(행 2:1-6).

이 중요한 성경구절, 즉 사도행전 2장을 읽을 때 우리가 놓치기 쉬운 것이 있다. 그것은 예수 그리스도께서 영광을 받으실 때마다 성령님이 임하신다는 진리이다. 나는 우리가 이 진리를 마음속 깊이 새기기를 바란다.

대부분의 사람들은 이 구절에서 중요한 것이 성령님이 오셨다는 사실이라고 자기도 모르게 믿어버리는 경향이 있다. 그러나 사실, 이 구절에서 중요한 것은 예수님이 높아지셨다는 것이다.

그렇다면 사도행전 2장의 내용을 한번 정리해보자. 오순절날이 이르렀을 때 베드로와 모든 제자들은 한곳에 모여 한마음이 되었다. 그들이 모여 있을 때 "홀연히 하늘로부터 급하고 강한 바람 같은 소리가 '임했다'"(행 2:2. 개역한글성경에는 '임했다'가 '있었다'로 번역되었다 - 역자 주). 임한 것은 '급하고 강한 바람'이 아니라 '급하고 강한 바람 같은 소리'였다. 이 '급하고 강한 바람 같은 소리'는 그들이 앉아 있는 온 집을 가득 채웠다. 불의 혀같이 갈라지는 것이 그들 각 사람 위에 임했고, 그들이 모두 성령으로 충만하여 방언으로 말하기를 시작했다. 그 자리에는 열일곱 나라들에서 온 사람들이 모여 있었는데, 그들은 제자들이 자기들 나라의 방언으로 말하는 것을 들었다. 이런 상황을 보고 놀랄 자들은 놀랐고, 의심할 자들은 의심했고, 묻기를 좋아하는 자들은 "이 어찐 일이냐"(행 2:12)라고 물었다. 그 자리에는 또한 조롱하기를 좋아하는 자들도 있었는데, 그들은 "저희가 새 술이 취하였다"(행 2:13)라고 조롱했다. 그러나 베드로는 열한 사도와 같이 서서 소리를 높여 "유대인들과 예루살렘에 사는 모든 사람들아 이 일을 너희로 알게 할 것이니 내 말에 귀를 기울이라 때가 제 삼 시니 너희 생각과 같이 이 사람들이 취한 것이 아니라 이는 곧 선지자 요엘로 말씀하신 것이니"(행 2:14-16)라고 외쳤다.

이렇게 말한 다음 계속해서 베드로는 나사렛 예수께서 구약의 예언을 성취하셨다고 설명하고, 그 다음부터는 오직 나사렛 예수에 초점을 맞추어 이야기했다. 사도행전 2장 32,33절에서 베드로는 "이 예수를 하나님이 살리신지라 우리가 다 이 일에 증인이로다 하나님이 오른손으로 예수를 '높이시매' 그가 약속하신 성령을 아버지께 받아서 너희 보고 듣는 이것을 부어주셨느니라"라고 증거했다. 그런 다음 다시 사도행전 2장 36절에서 "그런즉 이스라엘 온 집이 정녕 알지니 너희가 십자가에 못박은 이 예수를 하나님이 주(主)와 그리스도가 되게 하셨느니라"라고 말했다.

그러므로 베드로에 따르면, 중요한 것은 예수님이 '높아지셨다'는 것이다.

요한복음에는 예수께서 명절 끝 날, 곧 큰 날에 예루살렘에서 성령을 약속하신 사건에 대한 기록이 나온다.

"나를 믿는 자는 성경에 이름과 같이 그 배에서 생수의 강이 흘러나리라 하시니 이는 그를 믿는 자의 받을 성령을 가리켜 말씀하신 것이라 (예수께서 아직 영광을 받지 못하신 고로 성령이 아직 저희에게 계시지 아니하시더라)" (요 7:38,39).

그러므로 이제 예수님이 영광을 받으셨을 때 성령님이 오셨다는 것이 분명해졌으며, 우리는 이 진리를 주저 없이 확실히 붙들어야 한다. 다시 말하지만 예수님이 영광을 받으실 때 성령님이 오신다. 우리는 성령님이 오시도록 간청할 필요가 없다. 왜냐하면 구주께서 영광을 받으실 때 성령님이 오시기 때문이다. 그리스도가 진정 높아지실 때 성령님이 오신다.

하나님을 믿는 신앙인가, 신앙을 믿는 신앙인가?

다시 사도행전 2장 14절을 주목해보자.

"베드로가 열한 사도와 같이 서서 소리를 높여 가로되…."

베드로는 일어나서 목소리를 높였다.

나는 베드로가 지금 하나님의 교회 전체를 대표하여 일어났다는 것을 강조하고 싶다. 성령님이 교회에 임하신 다음, 제일 먼저 일어난 사람이 바로 베드로였다. 그전에 이미 그는 주님의 말씀을 믿고 마음에 확증을 얻었었다.

신약에서 발견되는 신앙은 오늘날 우
리에게서 발견되는 신앙과 다르다. 신
약에서 발견되는 신앙은 실제로 무엇인
가를 이루었다. 다시 말해서 신약의 신
앙은 실제적 사건을 통하여 입증되었

다. 그러나 지금 우리의 신앙에는 '신앙'만 있고 '하나님'은
계시지 않는다. 즉, 우리는 우리의 신앙을 믿을 뿐이다. 그렇기
때문에 아무것도 이루지 못한다. 그러나 사도의 무리는 부활하
신 그리스도를 믿었기 때문에 무엇인가를 이루었다. 바로 여기
에서 차이가 난다.

베드로는 일어서서 목소리를 높였다. 그렇다. 일어나 목소리
를 높이는 것! 교회가 해야 할 일은 바로 이것이다. 베드로는 하
늘의 일들을 땅에서 증거했는데, 교회는 바로 이 일을 해야 한
다. 교회는 세상적 능력과 인간적 능력을 초월하는 능력을 증
거해야 하는 것이다. 이 점을 뼈저리게 느낀 나는 교회가 인간
적 능력에 의지하여 신앙의 싸움을 벌이려고 발버둥 치는 것을
볼 때 너무나 마음이 아프다.

다시 말하지만 베드로는 세상적인 능력과 인간적 능력을 초
월하는 능력을 증거했다. 이 세상에 속하지 않는 능력이 우리에
게 관심을 가졌고, 우리 안으로 들어와 자신의 존재를 알리려고

했다. 그런데 이 능력이 하나님의 영(靈)이라는 것이 판명되었다. 자신이 체험한 것을 증거하기를 원했던 베드로는 그런 체험이 없는 사람들에게 영향을 주고 그들을 자극하고 권면하기를 원했다.

하나님께 능력을 받지 못한 교회는 친목회, 향우회, 동창회, 테니스 클럽 및 기타 자질구레한 것들을 중심으로 모이는 단체들과 다를 것이 없다.

그러므로 자신의 인간적 능력으로 믿음의 싸움을 하려는 오늘날의 교회는 베드로에게서 배워야 한다. 하나님은 이런 기독교를 역겨워하신다. 하늘에 속한 단체를 세상적 방법으로 이끌고 가려는 것을 하나님이 역겨워하시는 것은 당연하지 않은가?

나로 말할 것 같으면, 하나님께 능력을 받지 못한다면 차라리 교회 일에서 완전히 손을 떼겠다. 하나님께 능력을 받지 못한 교회는 친목회, 향우회, 동창회, 테니스 클럽 및 기타 자질구레한 것들을 중심으로 모이는 단체들과 다를 것이 없다. 그러나 하나님의 능력을 사모하는 교회는 이런 단체들이 주지 못하는 것을 세상에 줄 수 있다.

우리는 무엇을 해야 하는가?

우리의 교회는 그리스도의 교회가 되려고 하는가? 다시 말해서 우리의 교회는 그리스도를 머리로 하는 구원받은 몸의 살아 있는 유기체적(有機體的) 지체가 되려고 하는가? 만일 그렇다면 교회의 선생들과 교인들은 희생정신으로 무장하고 계속 기도하는 중에 전심전력을 다하여 다음과 같은 몇 가지 일에서 성공해야 한다.

첫째, 교회는 잠식당하지 않도록 싸워야 한다.

우리의 믿음과 실천은 그 내용에 있어서 신약의 모범을 따라야 한다. 우리는 다른 곳으로부터 비성경적(非聖經的)인 것들을 끌어들이지 말고 신약의 진리를 가르치고 믿어야 한다. 그렇게 하려면 끊임없이 성경의 근본으로 돌아가야 한다.

거대한 미국 대륙을 개척한 사람들은 황무지를 개간했다. 그들은 도끼를 가지고 나가서 나무들을 베어 쓰러뜨리고 집을 짓고 옥수수와 감자와 각종 채소를 심었다. 당신도 잘 아는 것처럼 농작물을 심은 그들이 침대로 가서 수확의 시기가 올 때까지 잠을 잔 것이 아니었다. 그들은 잡초가 경작지를 황무지로 둔갑시키는 일을 막기 위해 혼신의 힘을 다했다. 그들의 이런 노력은 농작물을 심은 날부터 수확물을 거두어 통나무 창고 안에 쌓는 날까지 계속되었다. 경작지를 관리하지 않으면 황무지가 경작지를 잠식하는 법이다. 그러므로 황무지의 잠식을 막기 위해 경작지를 끊임없이 관리하지 않으면 수확을 전혀 기대할 수 없다.

교회의 경우도 이와 똑같다. 과거의 어
떤 성자(聖者)는 "당신이 유혹을 받지 않
는 때가 찾아올 것이라고 착각하지 말라.
자신이 유혹을 받지 않는다고 생각하는
사람이야말로 가장 큰 유혹에 빠져 있는
것이다"라고 말했다. 우리가 시험을 당하지 않고 있다고 생각할
때가 실상 가장 큰 위험에 빠져 있는 때이다. 교회도 이와 똑같
다. 우리는 이미 얻은 성공에 만족하면서 "시험에 빠진다는 것
은 다른 교회들의 얘기이지, 우리 교회는 그렇지 않다. 우리는
부자이기 때문에 부족한 것이 없다"라고 말한다(계 3:17 참조).

그러나 우리는 우리의 경작지를 내어주지 않기 위해 싸워야
한다. 하나님이 경작하시는 우리의 작은 땅에는 무기(武器)가
있어야 하며, 파수꾼이 배치되어야 한다. 그래야만 까마귀 같
은 짐승들을 쫓아버릴 수 있다. 수확물을 갉아먹는 작은 해충
들을 퇴치해야 하는 것은 두말할 필요도 없다. 우리는 해로운
짐승들과 곤충들을 쫓아버려야 한다. 우리의 경작지를 건강한
상태로 유지해야 하는데, 이렇게 할 수 있는 유일한 방법은 하
나님의 말씀을 충실히 따르는 것이다.

우리에게 두 번째로 필요한 것은 사도들에게 임했던 능력과 똑같은 능력을 얻기 위해 기도하고 자신을 희생하면서 전심으로 노력하는 것이다.

베드로는 "너희 보고 듣는 이것을 부어주셨느니라"(행 2:33)라고 말했다. 우리는 영원한 것들을 바라보며 사는 훈련을 해야 한다. 그렇게 할 때 이 땅에서 천국의 삶을 살 수 있다. 우리는 어떤 대가를 치르더라도 그리스도께 우선적으로 충성해야 한다. 이러한 충성을 보이지 않는 교회는 그리스도의 교회가 아니다.

여기에 두 종류의 교회가 있다고 가정해보자. 하나는 화려한 건물과 시설을 자랑하며 대규모의 프로젝트를 추진하는, 잘나가는 것처럼 보이지만 교리, 생활, 정신적 자세, 경건, 본질 및 행동 면에서 신약성경의 가르침에 어긋나는 교회이다. 또 다른 하나는 골목길에 위치한 작은 방에서 모이는 교회이다. 나는 후자의 교회에 다닐지언정 전자의 교회에는 다니지 않을 것이다. 후자의 교회가 사람들에게 인기가 없다 할지라도 이런 교회를 성경적 교회로 만들면 많은 열매를 맺을 수 있을 것이다.

성령 충만한 교회는 어떤 열매들을 맺는가?

성령으로 충만하고 성령의 인도를 받는 교회가 지니는 몇 가지 특징을 살펴보자.

첫째, 기쁨으로 충만케 된다.

성령으로 충만하고 성령의 인도를 받는 교회에 다니는 사람들은 기쁨에 넘칠 것이다.

모라비아 교회(the Moravian Church: 종교개혁가 요한 후스의 가르침을 따르며 1457년 보헤미아에서 시작된 연합 형제단 교회로서 후에 진젠도르프가 부흥시켰다)의 역사(歷史)를 보면, 1727년 10월의 어느 날 아침에 성령님이 그 교회에 속한 사람들에게 강력하게 임하셨다는 것을 알 수 있다. 성찬식을 거행한 후 밖으로 나간 그들은 기쁨으로 충만했다. 기쁨으로 가득 차서 이 세상에 살고 있는 것인지 죽어서 천국에 올라간 것인지 분간이 안 될 정도였다.

그후 100년 동안 이런 기쁨은 모라비아 교회가 지닌 특징이 되었다. 그들은 기쁨을 얻기 위해 이런저런 방법들을 동원하여 노력한 사람들이 아니었다. 왜냐하면 그들의 기쁨은 내부에서 흘러나왔기 때문이다.

오늘날 우리 주변에는 신앙을 고백하는 그리스도인들이 많다. 그런데 그들은 기쁨을 누리지 못하기 때문에 기쁨을 얻기 위해 인간적인 방법들을 동원하면서 발버둥 친다. 반복적인 찬양의 자기최면으로 기쁨을 얻으려 한다. '긍정적인 사고방식'으로 자기는 기쁘고 행복하다고 자기암시를 반복한다.

그러므로 형제들이여! 지금 나는 분명히 말한다. 우리가 하나님을 교회 안에 제대로 모실 때, 그리스도께서 높이 들리신 주님이심을 인정할 때, 성령님을 합당한 자리로 모실 때, 우리에게는 기쁨이 주어질 것이기 때문에 우리는 억지로 기쁨을 만들어내기 위해 애쓸 필요가 없게 된다. 우리에게는 하나님이 주시는 기쁨이 마치 샘물처럼 솟아날 것이다. 수맥까지 파 내려간 우물에서 물이 한없이 솟아오르듯 기쁨이 샘솟을 것이다. 이러한 기쁨은 성령 충만한 교회가 지니는 한 가지 특징이다. 그러므로 이 같은 교회에 속한 사람들은 세상의 자녀들과 확연히 구별될 수밖에 없다.

사도 바울이 지금 하늘에서 내려와 우리 회중을 내려다본다고 가정해보자. 그가 교회에 모인 사람들을 유심히 살펴본 다음, 극장과 축구 경기장과 쇼핑센터와 길거리로 가서 사람들의 얼굴을 찬찬히 들여다본다. 그리고 다시 교회로 와서 사람들의 얼굴을 다시 들여다본다. 그럴 때 사도 바울이 무엇이라고 말하겠는가?

추측컨대 그는 교회 사람들과 세상 사람들에게서 별로 차이를 느끼지 못할 것이다. 만일 그가 성령 충만한 신령한 교회를 방문한다면 거기에 모인 사람들이 세상의 자녀들과 분명히 다르다고 느낄

하나님으로 충만한 교회, 성령님으로 충만한 교회가 늘어난다면 거리에는 그만큼 경찰관이 줄어들 것이다. 경건한 사람들이 늘수록 범죄자들은 줄어드는 법이다.

것이다.

둘째, 유용성이 파급된다.

성령 충만한 회중은 인류에게 유익을 주는 집단이다.

설교자들은 밥만 축내는 식객(食客) 같은 존재들이고 교회는 아무 쓸모없는 단체라고 비난하는 사람들이 있다 할지라도 나는 눈 하나 깜짝하지 않는다. 그러나 교회가 세상에 유익을 주는 집단이 되어야 한다는 말은 맞는 말이다.

우리 그리스도인들은 이웃에게 유용한 존재가 될 수 있다. 복음을 증거하면서 그들에게 유익을 끼치는 것이다. 우리는 자신을 변호하기 위해 애쓸 필요가 없다. 사실을 말하자면, 우리의 이웃들이 우리에게 큰 빚을 지고 있는 것이다. 왜냐하면 우리가 경건한 사람들로 변화된다면 범죄율이 떨어질 것이기 때문이다.

하나님으로 충만한 교회, 성령님으로 충만한 교회가 늘어난

다면 거리에는 그만큼 경찰관이 줄어들 것이다. 경건한 사람들이 늘수록 범죄자들은 줄어드는 법이다. 성령 충만한 교회는 지역 사회에 유익을 줄 수밖에 없다. 심지어 '사람들의 아들들', 즉 회심(回心)하지 못한 사람들에게도 유익을 줄 수 있다.

셋째, 영향력이 전파된다.

어떤 의미에서 우리는 교회들에도 영향을 끼친다고 할 수 있다. 나는 주변에 있는 모든 교회들에 영적 영향을 미칠 정도로 경건하고 성령 충만한 교회가 생기기를 고대한다. 바울은 당시의 어떤 신자들에게 "그러므로 너희가 마게도냐와 아가야 모든 믿는 자의 본이 되었는지라 … 하나님을 향하는 너희 믿음의 소문이 각처에 퍼졌다"(살전 1:7,8)라고 말했다.

이렇게 아름다운 일이 우리 안에서 일어나기를 소망하는 것은 절대 잘못이 아니다. 나는 우리가 성령 충만하고 하나님과 동행하고 예배를 제대로 배우고 정결하고 구별된 삶을 살기를 정말로 바란다. 이러한 삶을 살 때 모든 사람들이 우리를 주목할 것이며, 우리 주변의 다른 교회들도 우리 때문에 큰 복을 받을 것이다.

마르틴 루터가 종교개혁을 추진할 때 가톨릭교회가 정화운동을 벌이지 않을 수 없었던 것은 널리 알려진 역사적 사실이다. 다시 말하면 루터의 종교개혁이 로마 가톨릭교회를 도덕적으로 압박하여 변화를 일으켰던 것이다. 존 웨슬리가 나타나 영국의 이곳저곳을 돌아다니며 복음을 증거했을 때, 영국 성공회(聖公會)는 그들의 잘못을 고치지 않을 수 없었다. 감리교 운동에는 영적 힘이 있었기 때문에 주변의 다른 교파들이 자극을 받아 변화되지 않을 수 없었던 것이다.

우리가 성령 충만하고 기쁨으로 하나님을 찬양하고 직장과 가정과 학교에서 경건하게 살아간다면, 주변에 있는 사람들과 교회들이 우리를 주목하고 깨달음을 얻을 것이다. 우리가 이렇게 되지 말라는 법은 없다.

그렇다면 우리가 이렇게 될 때 어떤 유익이 있는가? 우리가 성령 충만하여 올바른 삶을 산다면 주변 사람들이 (선한 영향을 받아서) 올바른 죽음을 맞을 수 있다. 로마 시대의 사람들은 기독교 순교자들을 보며 "보라! 이 그리스도인들은 올바르게 죽는다!"라고 말했다. 구약시대에 살았던 발람(출애굽의 광야시대에 불의한 길로 가려다가 나귀를 통하여 하나님께 책망을 받은 선지자)은 의인(義人)으로 죽기를 원했지만 의인으로 살기를 원하지는 않았다. 그러나 우리 그리스도인들은 (올바르게 살아서) 올바르게 죽을 수 있어야 한다. 다른 것은 몰라도 우리는 죽는 것만큼은 올바르게 죽어야 한다.

성령 충만한 회중 속에 있으면 불편해하는 사람들이 있다. 모든 사람들이 신앙을 가진 것은 아니기 때문에 어떤 사람들은 성령 충만한 교회를 좋아하지 않는다. 이런 사람들은 다시 몇 가지 유형으로 분류된다.

첫째, '주일 신자들'(Sunday Christians)은 성령 충만한 교회를 싫어한다.

다리미질을 잘한 말쑥한 옷을 몸에 걸치듯이 종교를 몸에 걸친 사람들은 기쁨으로 충만한 교회를 원하지 않는다.

부흥이 일어나고 하나님께서 우리에게 필요한 도움과 복을 내려주실 때 그런 사람들은 이 같은 일을 좋아하지 않는다. 좀 더 정확히 말하면 그들은 불안을 느낀다. 성경의 교훈에 근거하여 그들에게 월요일 아침에도 올바른 삶을 살아야 한다고 가르치지만, 그들은 이런 삶을 원하지 않는다. 종교가 그들의 실제 생활에 영향을 끼치는 것을 원하지 않는 것이다. 그들의 종교와 삶은 분리되어 있다. 주일이 되면 교회로 가서 자신의 종교를 닦고 윤을 내지만, 밤 11시가 되면 그 종교를 다시 선반 위에 올려놓는다. 그리고 월요일이 되면, 그들이 원하는 대로 생활한다. 나는 그러한 사람들과 그 같은 종교생활 방식을 결코 따를 수 없다.

우리는 살아 계신 하나님의 교회가 되어야 하며, 돈과 권력을 따라 모이는 사람들의 집단과 소위 거물(巨物)들의 집단이 되어서는 안 된다. 거물들은 무릎을 꿇어야 할 정도로 궁지에 몰리면 교회에 나올 것이다. 하지만 무릎을 꿇은 거물이 다른 사람들보다 키가 크지 않다는 것쯤은 당신도 잘 알 것이다.

둘째, 안락을 좋아하는 신자들은 성령 충만한 교회를 싫어한다.

종교 때문에 불편해지는 것을 아주 싫어하는 사람들은 성령 충만한 교회와 회중을 원하지 않는다.

그런 사람들은 교회나 종교나 신앙이 그들의 계획이나 신나는 일들을 방해하는 것을 원하지 않는다. 그들은 구원에 대해 알고, 예수님을 섬기기를 원한다. 천국을 향해 가고 있는 그들은 언젠가 천국에 가게 될 것이다. 하지만 그들은 천국으로 가는 도중에 재미있게 살기를 원한다. 그들은 정원사가 정원을 설계하듯이 자기 자신 스스로가 인생을 설계한다.

우리는 자신의 삶을 위해 자기 마음대로 계획을 세운 다음, "오, 주여! 주님을 섬기는 것이 좋습니다. 주여, 우리는 주님을 사랑합니다. 우리는 주님이 우리 계획을 인정하고 지지해주시기를 원합니다"라고 기도하지만, 자신의 욕심으로 세운 계획을 바꿀 생각은 조금도 하지 않는다.

하지만 예수 그리스도의 십자가는 언제나 우리 계획을 바꾸어놓는다는 것을 명심하라. 그리스도의 십자가는 혁명적 변화를 요구한다. 우리가 이런 혁명적 변화를 받아들일 준비가 되어 있지 않다면, 그리스도의 십자가를 위해 우리가 가진 것을 희생할 각오가 되어 있지 않다면, 그분의 십자가가 우리를 완전히 통제하시도록 하지 않는다면, 우리는 하나님의 일들을 소중히 여기는 교회를 좋아하지 않게 될 것이다.

사람들은 십자가의 열매에 동참하기를 원하지만, 십자가의 통제 앞에 무릎 꿇는 것은 원하지 않는다. 그들은 십자가가 제공하는 모든 것들을 얻기를 원하지만, 예수님의 지배에 복종하는 것은 원하지 않는다.

셋째, 재미를 추구하는 신자들은 성령 충만한 교회를 싫어한다.

기독교에서 재미를 기대하는 사람들은 성령 충만한 회중을 좋아하지 않는다.

나는 이미 오래전에 오늘날 기독교가 세상에서 제일 재미있는 것이 되어버렸다고 믿는다. 이제까지 우리는 "예수님을 섬기는 것은 이 세상의 어떤 일보다도 재미있습니다. 예수님을 섬기며 느끼는 재미에는 뒤탈이 없습니다"라고 말하는 것을 귀에 못이 박히도록 들어왔다. 심지어 평판이 좋은 복음주의적 교파들에서도 "당신이 예수님을 섬기면서도 원하는 모든 재미를 누릴 수 있습니다. 무엇보다 좋은 것은 짜증스러운 뒤탈이 없다는 것입니다"라는 말이 흘러나오는 것을 들을 수 있다.

이렇게 말하는 사람들은 '재미를 위한 기독교'를 믿는 것이다. 다시 말해서 그들은 기독교를 오락 수단으로 전락시키고 있다. 전능하신 하나님은 이러한 것을 몹시 불쾌하게 여기신다.

형제들이여! 그리스도의 십자가는 재미있는 것이 아니다. 물론 "여호와를 기뻐하는 것이 너희의 힘이니라"(느 8:10)라는 말씀에서 알 수 있듯이 '여호와를 기뻐하는 것'이 있을 수 있다. 또한 "예수를 너희가 보지 못하였으나 사랑하는도다 이제도 보지 못하나 믿고 말할 수 없는 영광스러운 즐거움으로 기뻐하니"(벧전 1:8)라는 말씀에서 알 수 있듯이, '말할 수 없는 영광스러운 즐거움'이란 것이 있을 수 있다. 그러나 이런 기쁨과 즐거움이 아니라 연예오락적 즐거움을 기독교에서 찾으려고 하는 것은 참으로 황당한 노릇이다.

내가 '나 같은 죄인 살리신'(찬송가 405장)이라는 찬송가를 부를 때, 나는 전능하신 하나님을 찬양하는 것이다. 당신은 "네 생물이 … 밤낮 쉬지 않고 … 거룩하다 거룩하다 거룩하다 주

하나님 곧 전능하신 이여"(계 4:8)라고

외칠 때, 보좌 앞에서 행한 것을 '연예

오락'(entertainment)이라고 부르고 싶

은가? 당신이 굳이 그렇게 부른다면 당

신의 눈에는 내가 '연예인'(entertainer)

으로 보일 것이다. 그러나 그것이 연예오락이 아니라면(사실,

그것은 연예오락이 아니다) 나는 '예배자'(worshiper)이다.

교회는 예배를 드려야 한다. 5일 밤을 새우며 연예오락적 환락에 빠지는 것보다 5분 예배를 드리는 것이 우리에게 더 큰 치유적(治癒的) 기쁨을 준다.

사랑하는 자들이여! 교회는 예배를 드려야 한다. 5일 밤을 새우며 연예오락적 환락에 빠지는 것보다 5분 예배를 드리는 것이 우리에게 더 큰 치유적(治癒的) 기쁨을 준다. 하나님을 예배한 사람이 예배 후에 뒤탈이 생겨서 자살한 경우는 전혀 없다. 반면, 재미를 얻으려고 애쓰다가 탈진(脫盡)하여 자살한 사람들은 많다. 미모의 젊은 여자들이 재미와 쾌락을 추구하다가 에너지를 고갈시켜 스물다섯이 되기도 전에 얼굴이 삭아 성형수술을 받는 경우들이 종종 있다.

하나님의 은혜로 충만하여 얼굴이 달덩이 같은 사람들을 볼 때 나는 정말 기쁘다. 당신은 그렇지 않은가? 언젠가 나는 설교를 해달라는 부탁을 받고 청중이 모인 곳으로 갔다. 그곳에는 수수한 옷차림을 한 조용한 사람들이 모여 있었다. 그들의 생활방식이나 풍습은 여러 가지 면에서 세상과 완전히 달랐다.

그곳 여자들은 머리를 묶은 채 작은 검은 모자를 쓰고 있었다. 물론 나는 넥타이를 매고 있었다. 나는 나를 소개시키려는 사람에게 "당신도 알다시피 나는 저분들에게 이방인 같은 사람입니다. 저분들이 나를 받아들일지 어떨지 모르겠군요"라고 말했다. 그러자 그 사람은 "걱정하실 것 없습니다. 오로지 저들의 마음에 말씀만을 전하십시오. 그러면 저들은 목사님이 저들과 다른 스타일의 사람이라는 것을 잊어버릴 것입니다"라고 말했다. 나는 그들의 마음에 말씀을 전했고, 그들은 내가 자신들과 다른 스타일의 사람이라는 것을 잊어버렸다. 설교가 끝났을 때 나는 완전히 새 힘을 얻었고 놀라운 영적 복을 받았다.

넷째, 문화적 신자들은 성령 충만한 교회를 싫어한다.

교회의 문화적 가치 때문에 교회에 다니는 사람들도 성령 충만한 회중을 좋아하지 않을 것이다.

당신은 이 같은 사람들을 본 적이 있는가? 그들은 자신의 삶을 통해 일하시는 성령님에 대해서나 성령 충만한 교회에 대해서 전혀 아는 바가 없다. 오직 교회의 문화적 가치가 그들에게 유익을 준다고 믿을 뿐이다. 또한 그들은 자신의 자녀가 교회의 문화적 분위기 속에서 성장하기를 원한다. 그들은 교회에서 취미활동과 자녀양육 같은 것들에 대한 강좌를 듣고 좋은 책들을 소개받기를 원한다. 그러나 영적 성장에 관심을 쏟는 하나님의 거듭난 자녀들 속에 있으면 불편을 느낀다.

우리는 영적인 일들에 무관심한 그들이 소수의 뜨거운 신자들을 몰아내는 슬픈 일을 벌일 수 있다는 것을 늘 명심해야 한다. 그러나 우리가 밑바닥으로 내려가 하나님께로부터 나오지 않은 것들을 모두 제거하고 곡식을 풍성하게 키운다면 소수의 뜨거운 신자들이 큰 용기를 얻을 것이고, 우리는 그들로 말미암아 하나님께 감사할 것이다. 하늘의 것들을 바라보며 하나님과 동행하며 진리에 순종하며, 서로를 사랑하는 사람들로 인하여 하나님께 감사하자.

성령 충만한 사람들의 특징

성령 충만한 회중 속에 있으면 행복하고 만족스럽고 충족감을 얻는 사람들의 특징에 대해 알아보자.

첫째, 죄를 버리기를 원한다.

내 목에서 암이 자라고 있다면 나는 그것을 제거하려고 할 것이다. 암을 제거하는 것은 빠를수록 좋다. 내가 암 때문에 고민하고 있을 때 누군가 찾아와 "내게 플루트가 있는데, 한번 연주해볼까요?"라고 말한다고 가정해보자. 나는 그에게 "나는 지금 플루트 연주를 듣고 싶지 않습니다. 나는 내 목에 생긴 암에 신경을 쓸 뿐입니다. 혹시 이 암을 치료할 수 있는 법을 아십니까?"라고 대답할 것이다. 그가 다시 "그 암은 잊어버리십시오. 내가 플루트를 한 곡 연주해볼까요?"라고 말한다면 나의 기분이 어떻겠는가?

암 환자가 암을 제거하는 데 관심을 가져야 하듯이 우리는 죄를 제거하는 데 관심을 가져야 한다. 죄를 제거하려는 열망에 불타는 사람들은 정결케 하는 불이 그들의 온 마음을 태워서 깨끗케 하도록 만든다.

때때로 교회에는 이런 사람이 생긴다. 이런 사람은 아무 도움이 되지 않는다. 암 환자가 암을 제거하는 데 관심을 가져야 하듯이 우리는 죄를 제거하는 데 관심을 가져야 한다. 죄를 제거하려는 열망에 불타는 사람들은 정결케 하는 불이 그들의 온 마음을 태워서 깨끗케 하도록 만든다. 그들은 성령 충만한 회중 속에 있으면 행복할 것이다.

둘째, 하나님을 알기를 갈망한다.

다시 말하지만, 하나님을 알고 하나님과 동행하기를 원하는 사람들은 성령 충만한 회중 속에서 행복감을 느낀다. 그들이 간절히 원하는 것은 하나님과 동행하며 "어린양(그리스도)이 어디로 인도하든지 따르는 것이다"(계 14:4). 주님의 백성들은 서로를 알고 서로의 존귀함을 안다. 예수님의 무리 중에 가룟 유다가 끼어 있었듯이 우리의 무리 속에 때로는 악한 자가 끼어 있을 수 있다. 그러나 이런 자를 제외한다면 우리는 서로가 형제자매인 것을 안다. 우리가 서로 만나 악수하고 하나님에 대해 이야기를 나눌 때 우리는 우리가 그리스도 안에 있는 형제자매에게 말하고 있다는 것을 안다. 우리의 출신지와 경력이 서로 다르다 해도 우리는 동일한 언어를 말하는 것이라고 할 수 있다. 다시 말하지만 우리는 서로를 알고 서로의 가치를 잘 안다.

셋째, 주님의 음성을 듣는다.

선한 목자의 음성을 분별할 줄 아는 사람들은 성령 충만한 교회 안에 있으면 행복해진다.

선한 목자의 음성을 들어본 적이 없는 사람들이 있다는 사실은 슬픈 일이다. 그분의 음성은 미풍(微風)처럼 부드럽고 폭풍처럼 강하고 "많은 물 소리"(계 1:15)처럼 우렁차다. 예수님이 자신의 교회에게 들려주시는 음성은 음악적이고 치유적이고 장엄하고 아름답다. 이런 주님의 음성을 듣고 분별하는 법을 배운 사람들은, 모든 것이 주님을 중심으로 돌아가는 곳에 가면 항상 편안함을 느낀다.

참된 교회는 해 아래의 모든 사람들이 참여할 수 있는 집합체이다. 장로교 신자, 감리교 신자, 침례교 신자, 성결교 신자 그리고 그 누구든 교회 안으로 들어올 수 있다. 그렇지만 교회의 반석은 "우리에게 지혜와 의로움과 거룩함과 구속(救贖)함이 되시는"(고전 1:30) 그리스도뿐이시다. 그분이 모든 것 안에 모든 것이 되신다. 선한 목자의 음성을 듣는 법을 배운 사람들은 오직 그분을 반석으로 삼는 교회로 끌리지 않을 수 없다.

넷째, 하나님의 임재를 느낀다.

눈에 보이지 않는 하나님의 임재에 민감한 사람들은 성령 충만한 교회에서 편안함을 느낀다. 그들은 하나님 이외의 어떤 다른 사람들이 교회에 와 있는지에 대해서는 잘 모를 수도 있지만, 주님께서 임재해 계신다는 것에는 굉장히 민감하다.

당신은 주님의 임재에 민감한 사람인가? 아니면 교회가 어떤 곳인지를 알려고 찾아와 기웃거리다가 결국 불평이나 늘어놓는 사람들 중 하나인가? 하나님의 자녀들은 후자(後者)에 속하지 않는다. 당신이 하나님의 자녀라면 하나님은 당신을 도와주신다. 하나님의 자녀는 목자를 사랑하는 양이기 때문에 목자의 곁을 떠나지 않는다. 양에게 안전한 장소는 오직 목자의 곁이다. 왜냐하면 늑대는 양을 두려워하지 않고 목자를 두려워하기 때문이다. 당신이 영적인 안전과 풍성함을 얻으려면 목자 곁에 머물러야 한다. 예수님 곁에 머물라. 그러면 이 세상의 어떤 늑대도 당신을 물지 못할 것이다.

하나님의 선한 말씀을 맛보고 내세의
신비한 능력을 느끼는 사람들이 있다.
이 세상에서 가장 설교를 잘하는 사람의
음성이나 이 세상 최고의 찬양 사역자의

이 세상에서 가장 위대한 사람의
면전에 있기보다는 하나님의 존
전에 있기를 원하는 사람들이 있
다는 것에 대해 우리는 하나님께
감사해야 한다.

음성을 듣기보다는 차라리 예수님의 음성을 듣기를 원하는 사
람들이 있다는 것에 대해 우리는 하나님께 감사해야 한다. 이
세상에서 가장 위대한 사람의 면전에 있기보다는 하나님의 존
전에 있기를 원하는 사람들이 있다는 것에 대해 우리는 하나님
께 감사해야 한다. 자신의 죄에 대해 혐오감을 느끼면서 거룩해
지기를 갈망하는 사람들이 있다는 것에 대해 우리는 하나님께
감사해야 한다. 나는 당신의 주변에 이런 사람들이 더욱 많이
생기기를 기도한다.

이런 사람들이 많아질 때 우리는 예수 그리스도를 주님으로
믿고, 잘못된 모든 악한 것들에서 떠나 깨끗하고 고상한 삶을
살고, 기쁨과 은혜가 넘치는 아름다운 예배를 드리고, 친절과
인내와 오래 참음과 정직의 토대 위에서 즐거운 교제를 나누
고, 선교의 비전(vision)을 굳게 붙들고, 무엇보다도 "아름답고
거룩한 것으로 여호와께 경배할 것이다"(대상 16:29).

2장

보혜사는 하나님을 향한
굶주림이 있는 자에게 임하신다

‖‖‖

하나님을 향한 굶주림으로 가득한 사람이 채움을 얻지 못하는 일이 벌어진다면,
하나님의 말씀은 무너진다. 우리는 우리가 원하는 만큼 성령으로 충만해진다.

성령 충만은 즉각적으로 일어난다

"우리는 이 일에 증인이요 하나님이 자기를 순종하는 사람들
에게 주신 성령도 그러하니라 하더라"(행 5:32).

"너희가 악할지라도 좋은 것을 자식에게 줄 줄 알거든 하물
며 너희 천부께서 구하는 자에게 성령을 주시지 않겠느냐 하시
니라"(눅 11:13).

"내가 너희에게 다만 이것을 알려 하노니 너희가 성령을 받
은 것은 율법의 행위로냐 듣고 믿음으로냐 너희가 이같이 어리
석으냐 성령으로 시작하였다가 이제는 육체로 마치겠느냐"(갈
3:2,3).

자기들이 성령으로 충만한지 아닌지를 알지 못하면서도 자기들이 성령 충만하다고 믿고 싶어 하는 사람들이 교회 안에 많다. 이것은 매우 충격적인 일이다. 내가 확신하건대, 사탄은 참된 성령

자기들이 성령으로 충만한지 아닌지를 알지 못하면서도 자기들이 성령 충만하다고 믿고 싶어 하는 사람들이 교회 안에 많다.

충만의 삶이 가능하다는 교리를 대적하는 데 바로 이런 충격적인 일을 사용하기도 한다. 그러나 신자들은 이런 것에 대해 많은 이야기를 듣고 싶어 하지 않는다.

성령 충만을 받은 사람이 그 사실을 알지 못한다는 이야기는 어디에서도 발견되지 않는다. 신약, 구약, 기독교인의 전기, 교회사, 개인적 신앙 간증 등 그 어디에서도 발견되지 않는다. 깊은 연구에 근거하여 분명히 말하지만, 성령 충만을 받은 사람은 자기가 성령 충만을 받았다는 사실을 알지 못할 수 없다.

더욱이 성령 충만을 받았으면서 자기가 언제 성령 충만을 받았는지 알지 못하는 사람이 있다는 이야기를 나는 들어본 적이 없다. 그런 사람에 대한 이야기는 성경, 교회사 또는 기독교인의 전기 등 그 어디에서도 발견되지 않는다. 또한 성령 충만을 점진적으로 받았다고 말하는 사람의 이야기도 발견되지 않는다.

다시 말하지만 사탄은 성령 충만한 삶이 가능하다는 교리를 그 어떤 교리 못지않게 극렬하게 대적한다. 그는 이 교리를 대

적하고, 이 교리를 혼란스럽게 하고, 이 교리에 대해 두려움과 거짓된 개념을 유포시킨다. 만일 우리가 "나는 점진적으로 성령 충만을 받기를 원한다"라고 말하면 사탄은 우리에 대해 아무 걱정도 하지 않을 것이다. 왜냐하면 그런 점진적 과정은 매우 천천히 진행될 것이기 때문이다. 만일 점진적 성령 충만의 교리가 옳다면 사람들은 "나는 어제보다 조금 더 성령 충만하다" 또는 "나는 작년보다 금년에 조금 더 성령 충만하다"라고 말하면서 자신을 위로할 것이다.

점진적 성령 충만의 교리는 육신적 사람들의 도피처이다. 이 교리는 육신적 교회에 속한 사람들의 도피처이다. 성경에서 점진적 성령 충만은 나타나지 않는다. 성경은 "성령이 사람들에게 임하셨다", "성령이 그들에게 찾아오셨다" 또는 "성령이 그들을 충만히 채우셨다"라는 표현을 사용하는데, 이런 성령님의 행위는 즉각적인 것이었다.

당신은 "나는 점진적으로 성령 충만을 받을 것이다"라고 말할지 모르겠다. 그러나 형제여! 당신은 점진적으로 성령 충만을 받는 것이 아니다. 당신은 즉각적으로 성령 충만을 받든지 아니면 성령 충만을 받지 못하는 것이다. 이것을 분명히 확신하라.

성령님이 교회를 충만케 하시고 교회에 있는 각각의 구성원을 충만케 하신다는 것은 그리스도께서 그분의 보혈로 산 교회가 누릴 수 있는 특권이다. 그러나 사탄은 이 특권을 누리려는 교회의 모든 노력을 방해했다. 우리는 이 사실을 사람들에게 분명히 가르쳐야 한다. 전심으로 주님을 따르기를 진정 원하는 사람들은 "성령님이 예수 그리스도의 이름을 지닌 모든 사람들을 충만케 하시는 것은 하나님의 계획이요, 그리스도의 보혈로 얻은 것이다"라는 결론에 도달하지 않을 수 없다. 성령 충만한 삶은 비정상적이고 특별하고 이상야릇한 것이 아니다. 그것은 그리스도인들의 정상적 삶이다!

성령 충만을 받기 위한 준비 단계

첫째, 성령 충만을 받을 수 있다고 확신해야 한다.

성령 충만을 받으려면 먼저 성령 충만을 받을 수 있다고 온전히 확신해야 한다. 혹시 당신에게 어떤 의심이 있는가? 혹시 누군가 당신이 그리스도를 구주로 영접한 날 하나님의 모든 복을 다 받았다는 잘못된 교리를 당신에게 주입시켰는가? 만일 그렇다면 당신은 결코 성령 충만을 받을 수 없다.

이제 나는 지극히 현실적인 얘기를 하지 않을 수 없다. 이유야 어떻든 이런 현실이 벌어진다는 것을 누구도 부인할 수 없을 것이다. 나의 말을 듣는 사람들이 전부 성령 충만을 받는 일이 일어나지는 않을 것이다. 나의 말을 듣는 사람들 중 일부만이 성령 충만을 받을 것이다. 왜냐하면 어떤 사람이 밝은 얼굴로 찾아와 "드디어 이루

어떤 사람이 성령 충만을 받는다면 그 순간부터 그의 삶은 변화된다. 즉, 성령 충만한 그리스도인들은 변화된 삶을 살게 된다.

어졌습니다! 하나님께서 이루셨습니다!"라고 말하는 일이 항상 일어나지 않고 이따금 일어나기 때문이다. 아무튼 어떤 사람이 성령 충만을 받는다면 그 순간부터 그의 삶은 변화된다. 즉, 성령 충만한 그리스도인들은 변화된 삶을 살게 된다.

당신이 이것을 철저히 확신하지 않는다면 나는 당신에게 아직 아무것도 시작하지 말라고 충고하고 싶다. 그리고 나는 당신에게 차라리 성경말씀을 묵상하면서 주 하나님께서 무엇이라고 말씀하셨는지를 깊이 살피라고 충고하고 싶다.

둘째, 성령 충만 받기를 진정으로 원해야 한다.

당신은 자신이 성령 충만을 간절히 원한다고 스스로 확신해야 한다. 당신이 "성령 충만을 원하지 않는 그리스도인도 있느냐?"라고 묻는다면, 나는 "모두가 원하는 것은 아니다"라고 대답하겠다. 많은 사람들이 성령 충만을 원하는 것은 사실이지만, 그것을 원하지 않는 사람들도 많다. 분명히 밝히지만 성령

충만을 원하지 않는 사람들도 있다. 그러므로 우리는 성령 충만을 받으려면 먼저 그것을 간절히 원해야 한다.

당신은 영(靈)에게 사로잡히기를 원하는가? 당신은 영에게 사로잡힌다는 것에 대해 들어보았을 것이다. 그런데 영에게 사로잡히는 것에는 두 종류가 있다. 이들 중 한 종류는 악한 영에게 사로잡히는 것이다. 이 경우, 악한 영에게 사로잡힌 사람은 그 영에게 완전히 압도되기 때문에 더럽게 되거나 벙어리가 되거나 악하게 된다. 이런 경우들이 예수님의 시대에도 발견되었는데, 그분은 이런 영들을 쫓아내셨다.

영에게 사로잡히는 또 다른 경우는 성령님께 사로잡히는 것이다. 선하고 온유하신 성령님이 그리스도인 된 우리를 충만케 하고 사로잡기를 원하신다는 것이 성경이 말하는 분명한 교훈이다. 성령님은 예수님 같은 분이시다. 당신은 예수님 같은 영에게 사로잡히기를 원하는가? 다시 말해서 정결하고 온유하고 지혜롭고 사랑이 많은 영에게 사로잡히기를 원하는가? 성령님은 바로 그런 분이시다.

성령님은 정결한 분이신데, 그분은 거룩한 영이시기 때문이다. 그분은 지혜로운 분이신데, 왜냐하면 그분은 지혜의 영이시기 때문이다. 그분은 진실한 분이신데, 왜냐하면 그분은 진리의 영이시기 때문이다. 그분은 예수님 같은 분이신데, 왜냐하면 그분은 그리스도의 영이시기 때문이다. 그분은 성부(聖父)와 같은 분이신데, 왜냐하면 그분은 성부의 영이시기 때문이다. 그분은 당신 삶의 주인이 되기를 원하시며, 당신을 사로잡기를 원하신다.

> 성령님은 우리가 하나님의 기록된 말씀에 순종하기를 원하신다. 그러나 우리의 문제는 성령으로 충만하기를 원하면서도 우리의 뜻대로 계속 살기를 원하는 것이다.

왜냐하면 그분은 당신이 타고 가는 배의 통제권을 당신에게 넘겨주기를 원하시지 않기 때문이다. 당신이 승객이든 승무원이든 당신은 당신 배의 선장이 아니다. 성령님이 바로 당신 배의 선장이시다.

왜 우리는 성령님이 우리 배의 통제권을 가지시는 것을 반대하는가? 그것은 우리가 아담의 타락한 본성을 갖고 태어났기 때문이다. 우리는 자신의 삶을 스스로 지배하기를 원한다. 그렇기 때문에 나는 "당신은 성부와 성자의 영에게 사로잡히기를 진정으로 원하는가? 당신은 성부와 성자를 닮은 분이 당신의 인격을 완전히 통제하시는 것을 받아들일 준비가 되었는가?" 라고 묻는 것이다.

성령님은 우리가 하나님의 기록된 말씀에 순종하기를 원하신다. 그러나 우리의 문제는 성령으로 충만하기를 원하면서도 우리의 뜻대로 계속 살기를 원하는 것이다. 사람들에게 영감(靈感)을 주어 성경을 기록하게 하신 성령님은 우리가 성경말씀에 순종할 것을 요구하신다. 그러므로 만일 우리가 성경말씀에 순종하지 않는다면, 우리는 성령님이 주시는 감동의 불을 끄는 것이 된다. 성령님은 순종을 원하시지만 사람들은 순종하기를 원하지 않는다.

모든 사람들은 그들이 원하는 만큼 충만해진다. 다시 말해서 그들이 원하는 만큼만 하나님이 그들에게 주신다. 공중기도(公衆祈禱) 중이나 개인기도 중에 우리는 우리가 원하는 것을 하나님께 구한다. 그런데 이렇게 구하는 가운데 우리의 구하는 것과 상관없이 갑자기 즉흥적인 충동이 우리를 압도할 때가 있다. 이럴 때 우리는 성령 충만을 받고 싶다고 느끼게 된다. 그러나 결국 우리는 성령 충만을 받지 못하는데, 성령 충만의 짜릿함은 원하지만 성령 충만을 받기 위한 조건을 충족시키는 것은 원하지 않기 때문이다. 우리는 실제로 성령 충만을 받을 수 있을 정도로 그렇게 간절히 성령 충만을 원하지는 않는다.

나는 비유를 통해 이런 현상을 설명하고 싶다. 가격이 비싼 캐딜락 자동차를 예로 들어보자. 여기 어떤 형제가 있다. 그는 캐딜락을 소유하기를 원하지만 그것을 구입하지는 않는다. 당신은 그 이유를 아는가? 그는 캐딜락을 구입하는 데 드는 돈을 지불할 만큼 그것을 원하지는 않기 때문이다. 다시 말해서 그는 그것을 원하지만 비싼 차 값을 지불할 만큼 원하는 것은 아니다. 따라서 결국 그의 오래된 시보레 차를 그냥 끌고 다닌다.

우리도 이와 마찬가지이다. 우리는 성령 충만을 원하지만, 그것을 받기 위한 조건을 충족시킬 만큼 그렇게 원하지는 않는다. 우리는 "주여, 저는 성령 충만을 원합니다. 성령 충만을 받으면 너무 좋을 것입니다"라고 말하면서도, 그분이 말씀하신 조건을 따르려고 하지 않는다. 우리는 우리가 치러야 할 대가를 치르기를 원하지 않는다. 그러나 성령님은 우리가 하나님의 말씀에 순종할 것을 요구하신다.

우리에게 성령 충만을 주기를 원하시는 성령님은 우리 속에 있는 자기중심적 죄들을 용납하시지 않는다. 자기중심적 죄들이 무엇인가? 우선 예를 들자면, 자기사랑 같은 것이 이에 속한다. 우리 대부분은 자기사랑을 점점 더 추구하고 있다는 것을 고백해야 한다. 학교에 가면 우리는 자기를 포장하고 과시하는 법을 배운다. 그러나 성령 하나님은 성령 충만한 그리스도인이 그렇게 되는 것을 용납하시지 않는다. 성령님은 우리를 겸손하게 만드는 분이시다. 그러므로 우리가 교만해진다면 그분이 슬퍼하실 것이다. 우리의 교만은 그분이 주시는 감동의 불을 꺼버린다.

인간적 자신감도 자기중심적 죄들 가운데 하나이다. 우리는 우리의 힘으로 무엇이든지 잘할 수 있을 것이라고 믿지만, 성령님은 이런 인간적 자신감을 제거하기를 원하신다. 당신이 그리스도인 사업가라면 사업가로서 모든 결정을 내릴 것이다. 예를 들면 물건을 대량으로 구입하고 판매하는 일을 결정할 것이다. 그리고 집에 가서 가족과 집안일을 통제할 것이다. 그러나 당신은 성령님의 통제에 따라 당신의 삶을 통제하지 않을지도 모른다. 만일 그렇다면 그것은 큰 문제이다. 당신이 그렇다면 당신 삶의 통제권을 성령님께 넘겨드려라. 그러면 그분이 당신의 삶을 인도하고 지도하실 것이다. 다시 말하지만 당신이 성령님께 명령을 내릴 수는 없다. 우리의 문제가 무엇인가? 바로 인간적 자신감으로 충만하여 우리의 뜻대로 살려는 것이다.

자기의(自己義)도 자기중심적 죄들에 속한다. 그리스도인들이 하나님께 계속 거짓말을 하는 것은 참으로 충격적인 일이다. 우리는 "나는 벌레요 사람이 아니다"(시 22:6)라고 말한다. 또한 우리는 낙심하여 "내 속 곧 내 육신에 선한 것이 거하지 아니하는 줄을 아노니"(롬 7:18)라고 말한다. 그러나 누군가 우리를 거짓말쟁이라고 부르면 곧바로 얼굴이 하얗게 되어 "당신 지금 무슨 소리를 하는 겁니까?"라고 항의할 것이다. 우리는 말로는 우리가 악하다고 하지만 실제로는 우리가 악하다고 믿지 않는다. 형제여! 하나님은 우리의 이런 거짓을 뿌리 뽑기를 원하신다. 그분은 우리에게서 아담의 의(義)를 제거하고 다른 의를 심어주기를 원하신다.

하나님은 우리의 방종이나 권력 확대 같은 '자기중심적 죄들'을 모두 뿌리 뽑기를 원하신다. 이런 하나님의 뜻에 순순히 따르겠다는 마음이 당신에게 있는지 스스로 점검해보라. 당신은 하나님의 영으로 충만하고 하나님의 영에 사로잡히기를 원하는가? 만일 당신이 원하지 않는다면 하나님의 영으로 충만해질 수 없다. 하나님은 신사적인 분이시기 때문에 우리가 원하지 않으면 억지로 우리에게 들어오시지 않는다. 당신은 세상의 부정직하고 편한 길을 거부하고 그리스도인으로서 고난의 길을 기꺼이 따라갈 만큼 성령 충만을 간절히 원하는가? 하나님은 당신이 오직 하나님의 영광만을 증거하기를 원하신다. 하나님은 당신의 뜻과 전혀 상관없이 당신의 삶을 이끌고 가기를 원하신다. 하나님은 당신을 시험하고 훈련할 수 있는 권한을 내놓지 않으실 것이다. 그분께는 당신이 사랑하는 많은 것들을 빼앗아갈 권한이 있으시다.

당신이 성령 충만을 원한다면 하나님은 당신에게 정직을 요구하실 것이다. 그리스도인이 소득세를 속여서 신고하고도 점잖게 미소 지으며 아무 처벌을 받지 않을 것이라고 믿을 수 있는가? 그럴 수 없을 것이다. 형제여! 그대가 그렇게 믿는다면,

당신은 세상의 부정직하고 편한 길을 거부하고 그리스도인으로서 고난의 길을 기꺼이 따라갈 만큼 성령 충만을 간절히 원하는가?

당신의 영혼에 구멍이 뚫린 것이다. 구멍 뚫린 자루에 보물을 넣어봤자 그 구멍으로 보물이 빠져나갈 것이다. 성령님은 부정직한 거래를 용납하시지 않는다. 성령님은 속여서 재물을 모으는 것을 기뻐하시지 않는다.

성령님은 또한 우리가 자랑하고 과시하는 것을 기뻐하시지 않는다. 하나님께서는 내가 많은 결신자(決信者)들을 얻은 것에 대해 자랑하는 것을 용납하시지 않았다. 내가 확인한 바에 따르면, 결신자들을 얻은 후에 내가 그것을 자랑하면 언제나 그들의 신앙이 퇴보했다. 많은 청중이 몰려와 나의 설교를 들었다고 내가 자랑하면, 그후에는 언제나 청중의 수가 감소했다. 이제 나는 이런 체험들에 대해 하나님께 감사한다. 내가 조금이라도 교만에 빠지면 하나님은 나를 낮추신다. 사실 나는 하나님이 이런 방법을 쓰셔서라도 나를 낮추시는 것이 좋다.

"내게는 하나님이 계시고 또한 이런저런 좋은 것들도 있다"라고 말하는 그리스도인들이 많다. 다시 말해서 하나님 한 분으로 만족하지 못하고 그분 이외에 다른 것들도 가지려는 태도가 그리스도인들 사이에 만연해 있다. 나는 이런 태도에 대해 경고하지 않을 수 없다. 오늘날 세속 문화에 취하고 세상적 번영에 눈먼 우리는 가난이 무엇인지, 고난이 무엇인지 알지 못한다.

초대교회의 믿음의 조상들은 고
난이 무엇인지를 알았다. 그들은
신앙을 지키기 위하여 대가를 지
불했지만, 우리는 대가를 지불하
기를 거부한다.

그러나 신약의 신자들은 하나님 이외
에는 별로 다른 것들을 갖지 않았다. 종
종 그들은 그리스도를 위하여 그들의 소
유를 포기하곤 했다. 초대교회의 믿음의
조상들은 고난이 무엇인지를 알았다. 그
들은 신앙을 지키기 위하여 대가를 지불했지만, 우리는 대가를
지불하기를 거부한다.

우리는 성령 충만에 대한 책들을 읽지만, 그것을 받기 위한
조건을 충족시키지는 않는다. 그러나 우리가 원하는 만큼 충만
해진다는 사실을 명심하라. 성경은 "의에 주리고 목마른 자는
복이 있나니 저희가 배부를 것임이요"(마 5:6)라고 말한다. 하
나님을 향한 굶주림으로 가득한 사람이 채움을 얻지 못하는 일
이 벌어진다면, 하나님의 말씀은 무너진다. 다시 말하지만 우
리는 우리가 원하는 만큼 충만해진다.

셋째, 성령 충만을 받을 필요성을 알아야 한다.

우리가 해결해야 할 또 다른 문제는 우리가 성령 충만을 받을
필요가 있다는 것을 분명히 확신해야 한다는 것이다.

당신은 예수님을 영접하고 회심(回心)하고 죄 사함을 받았
다. 더욱이 당신은 어디에서인가 신약에 대한 강의도 들었을

것이다. 당신에게 영생이 있고 아무도 당신을 하나님의 손에서 빼앗을 수 없다는 것을 당신은 잘 안다. 지금부터 천국에 갈 때까지 당신에게는 즐거운 시간이 기다리고 있다. 그런데 왜 당신은 굳이 성령 충만에 관심을 갖는가?

당신이 천국에 간다는 것을 확신할지라도 아마도 당신은 그때까지 제대로 신앙생활을 할 수 있다고 확신하지 못할 수도 있다. 당신이 회심했다 할지라도 이 세상을 살아가면서 끊임없이 몰려오는 낙심을 이겨내기 힘들다는 것을 당신도 잘 알 것이다. 지금보다 더욱 성령으로 충만하지 않으면 성경말씀에 순종하고 진리를 이해하고 신앙의 열매를 맺고 승리하며 사는 것이 어렵다는 것을 당신도 잘 알 것이다. 이런 이유들 때문에 당신은 성령 충만을 받아야 하는 것이다.

당신이 성령 충만의 필요성을 아직도 못 느낀다면 사실 나는 당신에게 큰 도움을 줄 수 없다. 나는 당신에게 도움을 주고 싶다. 할 수만 있다면 나는 당신의 머리 뚜껑을 열고 하나님의 거룩한 기름을 부어주고 싶지만, 그렇게는 할 수 없는 노릇이다. 내가 할 수 있는 유일한 일은 세례 요한처럼 하는 것이다. 그는 예수님을 대신할 수 없었고, 단지 예수님을 가리키며 "보라 세상 죄를 지고 가는 하나님의 어린양이로다"(요 1:29)라고 말했을 뿐이다. 그런 다음 그는 역사의 무대에서 사라졌다. 그가 사라진 후 모든 사람들은 그들 스스로 예수님을 상대해야 했다. 다시 말해서 그들은 각자 예수께 가서 그분께 도움을 받아야 했다.

그 누구도 나를 채워줄 수 없고 당신을 채워줄 수도 없다. 우리가 서로를 위해 기도할 수는 있지만, 내가 당신을 채워줄 수도 없고, 당신이 나를 채워줄 수도 없다. 성령 충만을 원하는 갈망이 당신 삶의 다른 모든 것들보다 우선해야 한다. 성령 충만을 원하는 갈망보다 더 큰 것이 당신의 삶에 있다면 당신은 결코 성령 충만한 그리스도인이 될 수 없다. 하나님을 사모하는 갈망보다 더 급한 것이 당신의 삶에 있다면 당신은 성령 충만한 그리스도인이 될 수 없다.

어떤 그리스도인들은 여러 해 동안 성령 충만 받기를 원하지만 모호한 태도를 취하기도 한다. 나는 이런 사람들을 많이 보았다. 그들이 성령 충만을 받지 못하는 이유는 그들이 성령 충만보다 다른 것들을 더 원하기 때문이다. 당신이 이 세상의 어떤 것보다 하나님을 가장 원한다는 것을 그분이 아실 때 그분은 당신의 마음 안으로 들어오실 것이다.

내가 또 강조하고 싶은 한 가지 사실은 혼란과 불안의 시기를 통과하지 않고는 성령 충만을 받을 수 없다는 것이다. 이것은 성경의 기록, 성경시대 이후의 기록, 교회 역사의 기록 그리고 많은 그리스도인들의 체험적 기록에서 확인된다. 이런 기록들에 등장하는 사람들은 먼저 혼란과 불안의 시기를 통과하지 않고는 성령 충만을 받을 수 없다는 나의 말에 동의할 것이다.

주님의 백성은 어린아이들과 같다. 왜냐하면 그들은 단지 행복하기만을 원하기 때문이다. 그들은 주님의 도움을 받아 즐겁게 떠들고 웃고 행복하게 살기를 원한다. 그러나 교회 안의 '행복한 철부지 아이들' 치고 성령 충만한 사람들은 거의 없다. 하나님께서는 그들을 충만케 하실 수 없는데, 그들은 그들이 매우 소중히 여기는 것들에 대해 죽을 준비가 되어 있지 않기 때문이다. 하나님께서는 자신의 자녀들이 즐거워하기를 원하신다. 그러나 그것이 육신의 싸구려 즐거움은 아니다. 하나님은 그들이 부활하신 그리스도를 즐거워하기를 원하신다.

> 하나님께서는 자신의 자녀들이 즐거워하기를 원하신다. 그러나 그것이 육신의 싸구려 즐거움은 아니다.

회심한 이후 성령 충만의 경험이 없는 그리스도인은 진정한 그리스도인의 기쁨을 알지 못한다고 말할 수 있을 것이다. 나는 이것이 나의 체험이었음을 잘 안다. 내가 처음 회심했을 때, 나는 큰 기쁨을 맛보았다. 나는 행복한 그리스도인이었다. 그러나 이것이 절반의 세속성(世俗性)과 인간적 활력에서 나온 행복이라면, 하나님께서는 당신을 그런 행복에서 구해내기를 원하실 것이다.

하나님의 영으로 충만한 것은 혼란, 불
안, 실망 그리고 공허감을 통과한 후에 얻
을 수 있는 것이다. 당신이 절망의 상태
까지 이르렀을 때, 당신이 주변의 모든 사
람들을 찾아가보고 모든 잡지사의 편집

당신 자신에게 절망했을 때, 당신 자신을 비웠을 때, 당신이 내적 고독을 느낄 때, 그때 하나님의 도움의 손길이 당신에게 가까이 온 것이다.

자들에게 편지를 썼을 때, 당신이 유명하다는 모든 복음전도자
들을 따라다녔을 때, 당신이 유명하다는 모든 카운슬러들에게
상담을 받아보았을 때, 그럼에도 아무에게도 도움을 얻지 못해
절망에 빠졌을 때, 바로 그때 당신은 하나님께서 당신을 위해
행하기를 원하시는 것을 행하실 때가 가까이 왔다는 것을 알게
될 것이다. 당신 자신에게 절망했을 때, 당신 자신을 비웠을 때,
당신이 내적 고독을 느낄 때, 그때 하나님의 도움의 손길이 당
신에게 가까이 온 것이다.

하나님은 우리가 오직 하나님 한 분으로만 만족하고 행복할
수 있는 수준까지 올라오기를 원하신다. 우리에게 하나님과 그
밖의 다른 것들이 전부 필요한 것은 아니다. 하나님은 우리에
게 하나님 자신을 주시고 또한 우리로 하여금 다른 것들도 갖
게 허락하시지만, 우리가 오직 하나님만을 원하는 수준에 이를
때가 되면 우리에게는 내적 고독이 있을 수밖에 없게 된다.

우리는 사람들과 너무 잘 어울리기 때문에 고독할 시간이 없

다. 고독을 느낄 때 우리는 전화기로 달려가 친구에게 전화를 건다. 전화 통화를 하느라고 30분을 가볍게 날리는 동안 오븐에 있는 음식이 타버릴 정도이다. 이렇게 외로울 때 많은 사람들은 끊임없이 지껄인다. 다시 말하지만 우리는 고독을 견딜 수 없기 때문에 끊임없이 사람들과 어울리려고 애쓴다.

그러나 당신이 주님을 알기 위해 노력하는 입장이라면, 친구가 위로를 해주는 것으로 여겨진다기보다 골칫거리로 느껴질 것이다. 왜냐하면 그 친구가 당신에게 아무 도움이 되지 않기 때문이다. 그가 진정 당신을 위해 해줄 수 있는 것은 아무것도 없다.

하나님을 깊이 알기 위해서는 당신에게 고독이 필요하다. 당신은 하나님이 없는 것이 고통스러울 정도가 될 때까지 하나님을 원해야 한다. 이런 고독과 고통을 느낄 때 당신은 하나님께 가까이 갈 수 있다. 이런 고독과 고통을 이기며 계속 노력할 때 하나님을 만날 것이며, 하나님은 하나님의 놀랍고 복된 방법으로 당신을 받아들이고 충만케 하실 것이다.

당신이 이런 혼란과 불안과 실망과 어두움을 통과한 대가로 성령을 받는 것은 아니다. 성령은 하나님 아버지께서 그 자녀들에게 주시는 선물이다. 성령은 창에 찔린 예수님의 옆구리에서 하나님의 자녀들에게 흘러가는 선물이다. 성령을 받기 전에 통과하는 절망과 불안은 휴경지(休耕地) 같은 당신의 마음을 갈아엎고 당신의 그릇을 비우기 위한 준비 단계라고 말할 수 있다. 먼저 비워지지 않으면 채워질 수 없다. 당신에게 불안과 절망이 찾아오는 것은 당신이 이미 많은 다른 것들로 가득 차 있기 때문이다. 이런 것들이 제거될 때 성령님은 당신 안으로 들어올 수 있는 기회를 얻으신다.

성령은 창에 찔린 예수님의 옆구리에서 하나님의 자녀들에게 흘러가는 선물이다.

D. L. 무디는 빈 유리잔을 들어서 물로 채운 다음 "이 유리잔에 어떻게 내가 우유를 채울 수 있겠습니까?"라고 말하곤 했다. 그는 유리잔의 물을 다른 그릇에 따라 버리고 그 잔에 우유를 부었다. 그의 이런 실물 교육의 의미는 분명하다. 성령 충만을 받기 위해서는 우리 삶의 중요하지 않은 것들을 비워야 한다는 것이다.

우리가 이 세상의 중요하지 않은 것들에 너무 관심을 쏟는다고 내가 지적하는 것이 가혹하게 여겨지는가? 우리는 먹고사느라고 바쁘게 발버둥 치지만 결국 신장에 병이 생기거나 심장마비가 일어나 죽지 않는가? 우리는 판매량을 늘리고 사업을 번창시키기 위해 동분서주하느라고 인생을 날린다. 그리스도인이라고 하는 우리는 이렇게 요절할 각오를 하고 동분서주하는 동안 주님이 우리를 위해 병거를 준비하셨다가 천국으로 데려가기만을 원할 뿐이다. 이것이 우리 그리스도인의 사고방식이다!

형제들이여! 내가 지금 지나친 얘기를 하는 것인가? 내가 너무 큰 요구를 하는 것인가? 나는 그렇다고 생각하지 않는다. 왜냐하면 내가 볼 때 나는 마땅히 요구해야 할 것보다 훨씬 작은 요구를 하는 것이기 때문이다. 하나님께서 높이 들어 사용하신 조나단 에드워즈(Jonathan Edwards, 1703~1758. 미국의 신학자, 철학자 및 복음전도자)나 존 웨슬리 같은 위대한 설교자들의 요구에 비하면 나의 요구는 아무것도 아니다.

성령 충만을 받는 법

이제 나는 "내가 어떻게 하면 하나님의 성령으로 충만해질 수 있습니까?"라고 묻는 많은 사람들의 질문에 대답하려고 한다. 즉, 나는 성령 충만을 받기 위한 조건에 대해 말하려고 한다.

성령 충만 받는 법에 대한 네 가지 성경구절이 있다. 성령 충만 받기를 원하는 사람에게 해줄 수 있는 가장 좋은 것은 성경 구절을 보여주며 "하나님의 말씀을 믿어라"라고 말하는 것이다. 하늘에서 온 천사라도 이보다 더 좋은 방법을 알지는 못할 것이다.

"그러므로 형제들아 내가 하나님의 모든 자비하심으로 너희를 권하노니 너희 몸을 하나님이 기뻐하시는 거룩한 산 제사로 드리라 이는 너희의 드릴 영적 예배니라 너희는 이 세대를 본받지 말고 오직 마음을 새롭게 함으로 변화를 받아 하나님의 선하시고 기뻐하시고 온전하신 뜻이 무엇인지 분별하도록 하라"(롬 12:1,2).

"너희 몸을 … 드리라"라는 말씀은 당신의 그릇을 드리라는 뜻이다. 이것이 제일 먼저 해야 할 일이다. 그릇을 드리지 않는다면 그 그릇에는 아무것도 채워질 수 없다. 하나님은 하나님이 가지고 계시지 않은 그릇을 채우실 수 없다. 그러므로 당신의 그릇을 드려라.

하나님께서는 우리가 지혜로운 사람들이 되기를 원하신다고 나는 믿는다. 그분은 우리가 그분께 나아오기를 원하신다. 당신이 무료 식료품 배급을 받기 위해 줄을 서 있다고 가정해보자. 만일 당신이 앞으로 나가지도 않고 당신의 컵을 내밀지도 않는다면 컵에 우유가 채워질 수 없다. 만일 당신이 접시나 바구니를 내밀지 않는다면 빵을 얻을 수 없을 것이다. 이와 마찬가지로, 당신이 당신을 드리지 않는다면 하나님은 당신을 채우실 수 없다.

당신은 당신의 몸, 그것의 모든 기능들 그리고 그 몸 안에 담긴 모든 것들(당신의 마음, 인격, 영, 사랑, 열망 등)을 드릴 준비가 되어 있는가? 당신은 이런 준비가 되어 있어야 한다. 왜냐하면 이것이 성령 충만을 받기 위한 첫 단계이기 때문이다. 이 첫 단계는 어려운 것이 아니다. 당신의 몸을 드리면 된다. 당신은 준비가 되어 있는가?

둘째, 하나님께 구해야 한다.

누가복음 11장 11,12절에서 예수님은 "너희 중에 아비 된 자 누가 아들이 생선을 달라 하면 생선 대신에 뱀을 주며 알을 달라 하면 전갈을 주겠느냐"라고 말씀하셨다. 생선을 달라 하는 아들에게 뱀을 주고 알을 달라 하는 아들에게 전갈을 주는 부모는 물론 없다. 그렇기 때문에 예수님은 자신의 질문에 대해 스스로 "너희가 악할지라도 좋은 것을 자식에게 줄 줄 알거든 하물며 너희 천부(天父)께서 구하는 자에게 성령을 주시지 않겠느냐"(눅 11:13)라고 대답하셨다.

전 세계의 하나님의 백성은 주님의 이 은혜로운 약속에 따라 복을 받았다. 그들은 주님의 말씀을 믿고 구하여 성령 충만을 받았다. 그들은 "하물며 너희 천부께서 구하는 자에게 성령을 주시지 않겠느냐"라는 말씀을 붙들었던 것이다. 그러므로 당신은, 성령 충만을 위해 당신의 그릇을 드린 후에 반드시 구해야 한다. 이것은 너무나 논리적이고 분명한 얘기이다.

오늘날에는 성령이 주어지지 않는다는 주장을 펴면서 이런저런 신학적 증거를 제시하는 사람들이 있다. 나는 그들에게 "그렇다면 왜 주님께서 성경에 이런 약속을 남기셨는가? 우리가 믿기를 원하지 않으신다면 주님이 왜 우리가 볼 수 있는 성경에 이 약속을 남기셨는가?"라고 묻고 싶다. 성경에 주님의 약속이 기록된 것은 오직 우리를 위해서이다. 물론 우리가 구하지 않았는데도 주님이 성령을 주시기로 작정하셨다면 그렇게 하셨을 것이다. 그러나 주님은 우리가 구하는 것을 통하여 성령을 주시기로 정하셨다. "내게 구하라 내가 … 주리니"(시 2:8)라는 말씀에서도 알 수 있듯이, 우리가 먼저 구한 후에 주님이 주시는 것이 주님이 정하신 순서이다. 그러므로 우리는 구해야 한다.

셋째, 하나님께 기꺼이 순종해야 한다.

사도행전 5장 32절에는 "우리는 이 일에 증인이요 하나님이 자기를 순종하는 사람들에게 주신 성령도 그러하니라"라는 말씀이 나온다. 하나님의 영은 불순종하는 자녀에게 자신의 복을 주시지 않는다. 성부 하나님은 불순종하는 자녀에게 성령 충만을 주시지 않는다. 하나님은 말씀과 성령님과 부활의 주님에게 순종하는 자들에게 성령을 주신다. 당신은 순종할 준비가 되어 있는가? 당신은 하나님이 시키시는 일을 행할 준비가 되어 있는가? 하나님의 뜻을 따르는 것은 복잡한 것이 아니다. 당신이 성경에서 배운 대로 살면 된다. 이것은 너무나 간단하지만 또한 혁명적인 것이다.

넷째, 하나님을 믿어야 한다.

바울은 갈라디아서 3장 2절에서 갈라디아 교인들에게 "내가 너희에게 다만 이것을 알려 하노니 너희가 성령을 받은 것은 율법의 행위로냐 듣고 믿음으로냐"라고 물었다. 이 물음에 대한 답은 너무나 분명하다. 그들은 듣고 믿음으로써 성령을 받았다. 바울은 다시 그들에게 "너희가 이같이 어리석으냐 성령으로 시작하였다가 이제는 육체로 마치겠느냐"(갈 3:3)라고 물었다. 당신은 율법을 지킴으로써 성령 충만을 받을 수 없다. 성령 충만은 믿음과 순종으로써 받는 것이다. 성령 충만이 무엇인가? 그것은 성령님이 오셔서 우리의 몸과 마음과 생명과 존재를 완전히 소유하고 우리의 온 인격을 통제하시는 것이다. 성령님의 통제는 직접적이지만 또한 온유하다. 성령님이 온전히 통제하실 때 우리는 하나님의 거처가 된다.

이제까지 말한 것을 정리해보자. 모든 그리스도인에게는 성령님이 다소간 어느 정도 계신다. 누군가 교묘한 논리로 이 진리를 부정할지라도 당신은 그에 속지 말라. 로마서 8장 9절은 "누구든지 그리스도의 영이 없으면 그리스도의 사람이 아니라"라고 말한다. 하나님은 구원받은 사람들에게 성령을 구원의 보증으로 주셨다.

우리는 성령 충만과 기름부음에 대해 생각해보았다. 여기서 나는 '기름부음'이라는 말을 강조하고 싶다. 기름부음은 점진적 행위가 아니다. 기름부음은 구약에 나오는 단어인데, 구약에서 이것은 사람의 머리 위에 기름을 붓는 것을 의미했다. 사람의 머리에 기름을 붓는 것은 점진적인 동작이 아니었다. 기름 붓는 사람이 기름이 담긴 용기를 상대방의 머리 위에서 거꾸로 들면 기름이 흘러나와 그 사람의 옷자락을 타고 흘렀다. 그럴 때 반경 수백 미터 안에 있는 사람들은 모두 기름 붓는 의식이 거행되었다는 것을 알 수 있었다. 왜냐하면 그 기름에는 유향(乳香), 몰약(沒藥), 침향(沈香), 계피(桂皮) 그리고 육계(肉桂)가 들어 있었기 때문이다. 기름이 부어지면 주변의 모든 것에 향기가 가득했다. 이런 기름부음은 점진적으로 일어나지 않고 순간적으로 일어났다. 우리의 문제는 성령 충만을 받기 위해 지불해야 할 대가를 지불하지 않으려고 한다는 점이다. 우

리는 고생하지 않고 복을 받고 천국에
가서 면류관을 쓰고 다섯 고을을 다스리
기를 원한다.

우리의 문제는 성령 충만을 받기 위해 지불해야 할 대가를 지불하지 않으려고 한다는 점이다. 우리는 고생하지 않고 복을 받고 천국에 가서 면류관을 쓰고 다섯 고을을 다스리기를 원한다.

　우리는 주님이 우리를 제물로 베어 넘겨 토막 내시는(각을 뜨시는) 단계까지 나아가기를 원하지 않는다. 그렇기 때문에 오늘날 흔히 볼 수 있는 연약한 신앙인들에 속한다. 우리는 괴롭고 힘든 일은 모두 예수께 떠넘기고 즐겁고 편한 일만 하려고 한다. 내가 볼 때, 우리가 가진 가장 큰 부끄러움은 십자가의 진정한 의미를 알려고 하지 않는 것이다.

　오, 나의 머리를 들어 올리는 십자가!

　내가 감히 너를 피해 도망하고 싶다고 말할 수 있겠는가?

　나는 티끌 가운데 누웠고, 인생의 영광은 죽었다.

　그러나 내가 누운 곳에서 무궁한 붉은 생명이 피어난다.

3장

보혜사는 기도하고 믿고
순종하는 자에게 충만히 임하신다

|||

1세기의 제자들이 성령 충만을 받았다고 해서
지금 우리가 성령 충만을 받을 필요가 없다고 주장하는 것은 정말 잘못된 것이다.
기도하고 믿고 순종하라. 그러면 하나님께서 우리에게 성령 충만의 큰 복을 허락하실 것이다.

성령님은 순종하는 그리스도인을 통해 일하신다

"볼지어다 내가 내 아버지의 약속하신 것을 너희에게 보내리니 너희는 위로부터 능력을 입히울 때까지 이 성에 유하라 하시니라"(눅 24:49).

"요한은 물로 세례를 베풀었으나 너희는 몇 날이 못 되어 성령으로 세례를 받으리라 하셨느니라"(행 1:5).

복음주의적 교회들에 속한 신자들은 성령으로 충만하여 행복하고 열매 맺는 삶을 살아야 한다. 시간을 내어 정직하게 성경을 연구해보라. 그러면 순종하는 그리스도인의 삶에서 성령님이 어떤 일을 이루시는지 분명히 알게 될 것이다. 그리스도인이 순종할 때 성령님은 기쁨, 평안, 축복 그리고 만족 같은 열매를 허락하실 것이다. 어떤 사람들은 내가 성령님의 복에 대하여 사람들을 헷갈리게 만들었다고 주장한다. 그러나 그들에게 나는 "만일 주님의 백성이 내가 말하는 것의 절반만큼이라도 성령 충만을 사모한다면 교회에 사람들이 넘쳐날 것이다" 라고 말하고 싶다.

나는 나의 달변으로 사람들의 마음을 움직여서 하나님의 일을 하도록 만들려고 애쓴 적이 없다. 왜냐하면 내가 성경의 진리에 따라 가르치지 않으면 아무리 유창하게 말한다 할지라도 잘못된 것이기 때문이다. 이런 문제에 관해 나는 하나님의 말씀과 씨름하면서 많은 시간을 보냈다. 내 자신이 경험자이기 때문에 나는 권위 있게 말할 수 있다. 나는 지금 내가 무슨 말을 하는지 안다. 그러나 나는 단 한 사람의 하나님의 자녀에게도 억지로 어떤 인식(認識)이나 체험을 강요하고 싶지 않다. 왜냐하면 우리가 너무 많은 것을 너무 빨리 사람들에게 강요하는 경향이 있다는 것을 잘 알고 있기 때문이다. 이렇게 강요하는 것은 너무 일찍 하나님의 어린 자녀들을 발로 차서 그들의 껍질 밖으로 나오게 만들 뿐이다. 그렇게 되면 그들은 성도가 아닌 섬뜩한 괴물이 되어버릴 것이다. 나는 그렇게 하기는 싫다.

그리스도인들이 하늘에 계신 사랑의 하나님이 약속하신 축

그리스도인들이 하늘에 계신 사
랑의 하나님이 약속하신 축복과
은사를 받지 못하는 것에 대해 아
무 걱정도 하지 않으면서 잘 살아
가고 있는 것이 참으로 이상하다.

복과 은사를 받지 못하는 것에 대해 아무
걱정도 하지 않으면서 잘 살아가고 있는
것이 참으로 이상하다. 하나님 아버지께
서 그 자녀들에게 성령을 선물로 주시겠
다는 약속은 나와 교인들의 삶과 태도에
영향을 미쳐야 한다. 예수님이 "너희가 악할지라도 좋은 것을
자식에게 줄 줄 알거든 하물며 너희 천부께서 구하는 자에게
성령을 주시지 않겠느냐"(눅 11:13)라고 말씀하셨을 때 그분은
우리 인간들이 자식에 대해 품고 있는 사랑을 염두에 두고 말
씀하셨던 것이다.

성령님을 두려워할 필요는 없다

하나님께서 성령을 선물로 주시겠다고 약속하셨을 때, 그분
은 우리가 성령을 두려워할 필요가 없다는 것을 분명히 보여주
기를 원하셨을 것이다. 내가 이 말을 하는 것은 그리스도인들
이 성령님에 대한 두려움을 잘 극복하지 못한다고 생각하기 때
문이다. 우리는 성령이 아버지의 약속하신 선물로서 우리에게
주어진다는 것을 기억해야 한다. 어떤 사람이 자기 아들에게
자전거를 크리스마스 선물로 사주겠다고 약속했다고 가정해보
자. 그 아들은 자기를 사랑하기 때문에 자기에게 최고의 선물

을 주겠다고 아버지가 약속한 것에 대해서 두려워하지 않을 것이다.

구속(救贖)받은 교회의 구성원들은 성령님의 사랑의 띠로 묶여서 하나가 되어야 한다. 하나님은 성령을 통하지 않고 그들을 낳으신 것이 아니다. 우리는 성령의 기름부음을 받아야 한다. 우리는 성령님의 인도를 받아야 한다. 우리는 성령님께 가르침을 받아야 한다. 하나님은 성령을 마치 용액(溶液)처럼 사용하여 하나님의 교회를 녹여서 하나로 만드신다.

하나님께서는 성령을 전제하지 않고 자신의 백성을 생각하신 적이 없다고 성경은 분명히 밝힌다. 하나님의 약속들 몇 가지를 살펴보자.

이사야서 32장 15-17절에서 하나님은 이렇게 말씀하셨다.

"필경은 위에서부터 성신(聖神)을 우리에게 부어주시리니 광야가 아름다운 밭이 되며 아름다운 밭을 삼림으로 여기게 되리라 그때에 공평이 광야에 거하며 의가 아름다운 밭에 있으리니 의의 공효는 화평이요 의의 결과는 영원한 평안과 안전이라."

또한 하나님은 이사야서 44장 3절에서 이렇게 말씀하셨다.

"대저 내가 갈한 자에게 물을 주며 마른 땅에 시내가 흐르게 하며 나의 신(神)을 네 자손에게, 나의 복을 네 후손에게 내리리니."

요엘서 2장 28,29절에는 이런 말씀이 나온다.

"그후에 내가 내 신을 만민에게 부어주리니 너희 자녀들이 장래 일을 말할 것이며 너희 늙은이는 꿈을 꾸며 너희 젊은이는 이상(異像)을 볼 것이며 그때에 내가 또 내 신으로 남종과 여종에게 부어줄 것이며."

이것들이 하나님 아버지의 말씀이었는데 예수님은 이들을 해석하셨고 이에 대해 "아버지의 약속하신 것"(행 1:4)이라고 부르셨다. 신약에서 예수님이 구약을 해석하시는 기록을 읽을 때 당신은 그분의 해석을 꼭 붙들어야 한다. 사람들의 해석을 너무 믿지 말라. 왜냐하면 그들은 틀릴 수도 있기 때문이다. 그러나 우리 주 예수 그리스도는 결코 틀리신 적이 없다. 그런 그분이 성령을 가리켜 "아버지의 약속하신 것"이라고 부르셨다. 누가복음 24장 49절에서 예수님은 "볼지어다 내가 내 아버지의 약속하신 것을 너희에게 보내리니 너희는 위로부터 능력을 입히울 때까지 이 성에 유하라"라고 말씀하셨다. 예수님은 이에 대해 요한복음 14-16장에서 더욱 자세히 언급하시면서 성령님이 교회로 찾아오실 것이라고 말씀하셨다.

세 가지 시기

복음서들, 사도행전 그리고 서신서들을 읽어보라. 그러면 교회 안에서 성령님과 성령님의 사역과 관련하여 세 가지 시기 (時期)가 뚜렷이 구분되는 것을 알 수 있을 것이다.

첫째 / 약속의 시기

첫 번째 시기는 약속의 시기이다. 이것은 세례 요한의 때부터 예수님의 부활까지를 가리킨다. 이 3년의 기간 동안 예수님은 제자들을 불러 사명을 주고 가르치셨다. 사실 그들은 이 세상에서 제일 좋은 신학교를 다닌 셈이다. 예수님이 직접 가르치신 신학교보다 더 좋은 신학교가 이 세상에 있겠는가? 그들이 액자에 넣어 벽에 걸어둘 수 있는 학위증을 받은 것은 아니지만, 그들은 눈에 보이지 않는 학위를 받았고 주님을 사랑했다. 그분이 살아 계실 때, 그분이 돌아가셨을 때 그리고 그분이 부활하셨을 때, 그들은 변함없이 그분을 사랑했다.

그러나 이 시기에 그들에게는 우선 약속만 주어졌다. 주님은 전혀 새로운 생명이 그들에게 임할 것이라고 가르치셨다. 이 생명은 시적(詩的)인 생명도 아니고, 심적(心的)인 생명도 아니고, 물질적 생명도 아니었다. 그것은 위로부터 임하는 영적 감동이었다. 그것은 그들을 초월하는 세계로부터 나와 그들의 본성(本性)의 문턱을 넘어 그들 영의 가장 깊은 곳에 임하게 될 생명이었다. 보혜사(保惠師)께서는 거기에서 살면서 그들을 가르치고 인도하시고, 그들을 거룩하게 만드시고, 그들에게 능력을 주실 것이었다. 이렇게 예수님은 시종일관 성령님에 대해서 가르치셨던 것이다.

예수님은 지상(地上)에서 부여받은 자신의 생명이 점점 끝나갈 때 성령에 대한 교훈을 더욱 분명히 제시하셨다. 이것은 요한복음 14-16장에 잘 나타난다. 그분은 새롭고 우월한 생명이 찾아올 것이라고 제자들에게 말씀하셨다. 그분은 그것이 영적 능력의 주입(부어주심)이 될 것이라고 말씀하셨다. 이렇게 말씀하신 후에 그분은 떠나셨다.

만일 우리가 오순절 사건을 경험하기 이전의 제자들과 영적 수준이 똑같은 사람들을 모아서 교회를 세운다면, 우리는 아마도 매우 신령한 교회를 세웠다고 생각할 것이다. 그렇지 않은가? 우리는 아마도 그런 교회의 지도자들 중에서 교단 임원을 임명할 것이며, 그런 사람들을 모아서 각종 위원회를 만들고, 그들의 전기(傳記)를 쓰고, 그들의 이름을 따라서 명명(命名)된 교회들을 세우려 할 것이다.

그러나 그 약속의 시기에 제자들은 단지 준비를 하고 있었을 뿐이다. 그들은 하나님의 약속하신 것을 아직 받지는 못했다. 약속의 시기에 예수님은 그들에게 기대감을 심어주셨다.

두 번째 시기는 준비의 시기이다. 물론 예수님이 그들과 함께 계실 때에도 그들은 어느 정도 준비가 되어 있었던 것이 사실이다. 그러나 그분이 떠나신 후에 그들은 본격적으로 준비하기 시작했다. 본격적인 준비를 위하여 그들은 다른 활동들을 중단했다. 이 사실은 공연히 법석을 떠는 경향이 있는 오늘날의 교회들에 큰 교훈을 준다. 왜냐하면 종교계에서 우리만큼 마치 비버(beaver)처럼 바쁘게 움직이는 사람들도 없을 것이기 때문이다. 우리는 자신을 채찍질하며 동분서주하지 않으면 하나님이 기뻐하시지 않을 것이라는 착각에 빠져 있다.

예수께서 "너희는 온 천하에 다니며 만민에게 복음을 전파하라"(막 16:15)라고 말씀하셨을 때 베드로는 그의 성격에 따라 벌떡 일어나 급하게 모자를 집어 들고 밖으로 나갔을지도 모른다. 그러나 주님께서는 "너희는 위로부터 능력을 입히울 때까지 이 성에 유하라"(눅 24:49)라고 말씀하셨다.

최근에 어떤 기독교 지도자는 기독교에서 우후죽순처럼 터져 나오는 아마추어적 활동들 때문에 교회가 피해를 당하고 있다고 지적했다. 이런 아마추어적 활동들 때문에 기독교의 수준이 계속 떨어졌다. 우리는 햇빛 속에서 이곳저곳을 훨훨 날며 우리가 창공을 가르는 독수리라고 착각하지만 실상 우리는 나

비처럼 가볍다.

하나님을 위하여 일할 준비가 제대로 되어 있지 않은 상태에서 하나님을 위해 일하겠다고 나서는 사람들이 많다. 그러나 하나님의 일을 하기 위해서는 준비가 필요하다.

우리가 모든 활동을 6주 동안 중단하고 하나님께서 우리를 위해 행하실 일을 기다리는 것이 차라리 교회에게 더 유익할 것이라는 생각도 든다. 제자들은 오순절 직전에 그들의 활동을 모두 중단하고 하나님을 기다렸다. 종종 우리는 성령님이 오셔서 우리의 마음을 하나로 만들어주시기를 기도한다. 그러나 제자들의 마음이 이미 하나가 되었기 때문에 오순절에 성령님이 그들에게 임하신 것이다. 그렇기 때문에 성경에는 "오순절 날이 이미 이르매 저희가 '마음을 합하여' 한곳에 모였더니"(행 2:1. '마음을 합하여'가 개역한글성경에서는 '다 같이'로 번역되어 있다 - 역자 주)라고 기록되어 있다.

하나님을 위하여 일할 준비가 제대로 되어 있지 않은 상태에서 하나님을 위해 일하겠다고 나서는 사람들이 많다. 그러나 하나님의 일을 하기 위해서는 준비가 필요하다. 내가 볼 때, 우리는 초신자들에게 종종 실수를 범하는 것 같다. 우리는 그리스도 안에서 아직 어린아이 같은 초신자에게 전도용 소책자를 한 다발 안겨주면서 "이제 가서 발아(發芽)하라!"라고 말하는 경향이 있다.

구약시대에 제사장들은 타고난 제사장들이었지만 사역을 시작하기 전에 기름부음을 받아야 했다. 그들의 귀와 엄지손가락과 발가락에 피가 발라졌을 뿐 아니라 성령의 예표(豫表)인 향기로운 기름이 피 위에 부어졌다.

셋째 / 성취의 시기

세 번째 시기는 성취의 시기이다. 여기서 나는 성령님이 '홀연히' 임하셨다는 것을 강조하고 싶다. 사실 이 '홀연히' 라는 말은 사도행전뿐만 아니라 성경 도처에서 발견된다.

" '홀연히' 하늘로부터 급하고 강한 바람 같은 소리가 있어 저희 앉은 온 집에 가득하며"(행 2:2)라는 말씀을 읽을 때 나는 이 '홀연히' 라는 표현 때문에 혼자 씁쓸하게 미소 짓곤 한다. 왜냐하면 오늘날 하나님의 백성이 이 '홀연히' 라는 말에 함축된 것을 매우 두려워하기 때문이다. 오늘날 대부분의 교인들은 그들과 관계된 일이라면 어떤 것이든 점진적으로 살짝 일어나기를 바란다. 다시 말해서 한 번에 조금씩 천천히 일어나기를 바란다. 그리스도인들은 "나는 성령 충만하기를 원합니다. 하지만 하나님께서 나를 두렵게 하거나 당혹스럽게 만드시지 않고 천천히 조심스럽게 성령 충만을 주시면 좋겠습니다"라고 말한다.

그러나 성경은 "홀연히 … 저희가 다 성령의 충만함을 받고"(행 2:2,4)라고 말한다. 또한 누가는 "홀연히 허다한 천군이 그

천사와 함께 있어 하나님을 찬송하여"(눅 2:13)라고 전한다. 하나님께서 놀라운 일을 행하실 때마다 '홀연히'라는 단어가 등장한다는 것을 기억하라. 하나님은 '홀연히' 행하시지만 우리는 그것을 두려워한다. 우리는 은혜 안에서 '점진적으로' 성장하기를 원한다. 왜냐하면 점진적 성장은 우리를 당혹스럽게 만들지 않기 때문이다.

많은 사람들은 오랜 세월 신앙생활을 하지만 마치 죽은 것 같은 신앙생활을 한다. 결국 그들은 영적 시체 옆에서 살아가는 데 길들여진다.

무릎을 꿇고 전능하신 하나님께 성령 충만을 구하고 손수건을 꺼내어 눈물을 닦으면서 "하나님, 감사합니다. 보혜사가 오셨습니다"라고 감사하는 것을 당혹스러운 일로 여기는 그리스도인들이 많은 것 같다. 이렇게 하면 목사로서, 장로로서, 집사로서, 부서의 임원으로서 또는 주일학교 교사로서 왠지 체면이 손상되는 것처럼 느끼는 사람들이 많은 것 같다. 그렇기 때문에 많은 사람들은 오랜 세월 신앙생활을 하지만 마치 죽은 것 같은 신앙생활을 한다. 결국 그들은 영적 시체 옆에서 살아가는 데 길들여진다. 그들의 호흡은 느리고, 얼굴은 창백하고, 발가락은 동상(凍傷)에 걸린 것처럼 얼어 있다. 그들에게서는 영성(靈性)을 찾아볼 수 없다. 이런 상태가 계속되면, 그들은 이런 것이 정상적 신앙생활이라는 착각에 빠진다. 심지어 어떤 사람들은 이런 것이 정상이라고 주장하기 위하여 책을 쓰기도 한다. 그러나 그들의 본질적인 문제는 성령 충만하지 못하다는 것이다.

성취의 시기는 '홀연히' 찾아왔으며, 하나님께서는 자신의 약속을 이루셨다. 그리하여 제자들은 그들이 기대한 것 이상으로 큰 영적 복을 받았다.

교회의 잘못

나는 그리스도인들에게 허락된 영적 특권을 누리지 못하도록 방해하는 것들에 대해 심히 우려하지 않을 수 없다. 그리하여 때때로 나는 그런 것들을 맹렬히 공격하지 않을 수 없다. 내가 옳지 않다고 믿는 것들을 어찌 그냥 두고 볼 수 있겠는가? 어떤 사람들은 나에게 그런 것들에 상관하지 말라고 충고하지만, 나는 그럴 수 없다. 하나님께서 내게 기름을 부어주신 것은 그런 것들과 싸우도록 하기 위함이다.

어떤 사람들이 교회에 유포하는 잘못된 주장은 그리스도인들에게 허락된 영적 특권을 누리지 못하도록 방해한다. 그들은 "성령님을 보내겠다는 하나님의 약속은 지금의 그리스도인들과 아무 관계가 없다. 이 약속은 이미 오순절에 한 번 일어난 것으로 끝이기 때문에 다시 반복될 수 없다"라고 주장한다. 그들의 주장에 따르면 교회가 성령 충만 받기 위해 더 이상 애쓰고 노력할 필요가 없다는 얘기가 된다. 그들은 나 같은 사람의 주장을 묵살하려고 애쓴다. 이제 나는 당신에게 몇 가지 질문을 던질 것인데, 당신은 이에 대답하는 과정에서 나의 주장이 옳은지 그들의 주장이 옳은지를 판단할 수 있을 것이다.

1. '아버지의 약속하신 것'이 오직 1세기의 그리스도인들만을 위한 것인가?

나는 우리가 '말세'의 시기에 살고 있다고 믿는다. 여기서 말세는 오순절 사건부터 주님의 재림 때까지를 의미한다. 우리가 말세에 살고 있기 때문에 구약에서 요엘 선지자가 한 예언은 우리에게 유효하고 또한 적용된다. 지금 우리는 하나님께서 모든 육체 위에 자신의 영을 부어주시는 말세에 살고 있다.

베드로가 사도행전 2장 38,39절에서 한 말을 들어보자.

"베드로가 가로되 너희가 회개하여 각각 예수 그리스도의 이름으로 세례를 받고 죄 사함을 얻으라 그리하면 성령을 선물로 받으리니 이 약속은 너희와 너희 자녀와 모든 먼 데 사람 곧 주 우리 하나님이 얼마든지 부르시는 자들에게 하신 것이라 하고."

"이 약속은 너희와 너희 자녀와 모든 먼 데 사람 곧 주 우리 하나님이 얼마든지 부르시는 자들에게 하신 것이라"라는 말에서도 알 수 있듯이, 하나님의 약속은 당시 베드로 앞에 모인 청중들만을 위한 것은 아니다. 우리 가운데 많은 사람은 성령님의 증거를 알고 또한 믿는다. 그렇기 때문에 우리에게는 사람들의 논증이 필요 없다. 어떤 사람을 논증으로 설득하여 그로 하여금 자기가 성령 충만하다고 믿게 만들어보라. 그러면 누군가 나타나서 역시 논증으로 그를 설득하여 그로 하여금 자기가 성령 충만하지 않다고 믿게 만들 수 있을 것이다. 우리에게 논증보다 중요한 것은 세상 죄를 지고 가시는 하나님의 어린양이며, 성령 안에서 거룩하게 열매 맺는 생활을 위한 하나님 아버지의 약속이다. 나의 주장과 논리가 사람들을 설득할 수 없다 할지라도 하나님 아버지의 약속은 그들을 변화시킬 수 있다. 인간들의 논증이 하나님의 약속을 무효로 만들 수는 없다.

2. 1세기에 중생(重生)의 사건이 일어났다고 해서 나의 중생이 불필요한가?

주님께서는 우리가 거듭나야 한다고 말씀하셨고, 또한 우리가 성령으로 충만해야 한다고 말씀하셨다. 그런데 어떤 사람들은 "성령 충만해야 한다는 주님의 말씀은 우리가 아니라 오직 주님 당시의 제자들에게만 해당된다"라고 주장한다. 그러나 이런 주장은 참으로 황당하기 짝이 없다. 그들의 주장이 맞는다면 우리는 2,000년이나 늦게 태어난 것이고, 암초에 걸려 오도 가도 못하는 배처럼 아무 소망이 없는 것이다.

하지만 조금만 깊이 생각해보면 우리에게 소망이 없지 않다는 것이 분명히 밝혀진다. 한번 생각해보자. 베드로는 거듭났다. 베드로가 거듭나는 체험을 했다고 해서 내가 그런 체험을 하지 않아도 되는가? 베드로는 성령 충만을 받았다. 그가 성령 충만을 체험했다고 해서 내게 그런 체험이 필요 없는가? A. D. 33년에 그가 아침식사를 했다고 해서 오늘날을 사는 내가 아침을 먹지 않아도 되는가?

물론 그렇지 않다. 굶어 죽지 않으려면 내가 식사를 해야 한다. 베드로가 거듭난 것이 나와는 아무 상관이 없다. 나는 그가 거듭났듯이 거듭나야 한다. 베드로가 오순절 날에 성령 충만한 것이 나에게 어떤 도움이 될 수 없다. 그때 그가 성령 충만했듯이 나는 지금 성령 충만해야 한다. 거듭나는 경우나 성령 충만을 받는 경우 모두 베드로는 베드로이고 우리는 우리이다.

3. 베드로가 오순절 날에 받았던 것을 지금의 그리스도인이 회심 때에 받았다고 하는 이야기를 들어보았는가?

내가 이런 질문을 던지는 이유는 어떤 사람들이 "제자들이 오순절 날에 받았던 것을 우리는 회심 때에 받는다"라고 주장하기 때문이다. 이런 주장을 하는 사람들에게 나는 "베드로가 성령 충만할 때 받았던 능력을 당신은 회심할 때 받았는가?"라고 묻고 싶다. 굳이 베드로까지 이야기할 것도 없다. 당시 베드로와 함께 능력을 받았던 보통의 그리스도인들만큼이라도 당신이 회심 때에 능력을 받았는가? 지금 우리에게 없는 능력이 오순절 날에 그들에게 주어졌다고 성경은 분명히 밝힌다.

4. 우리 주님이 자신의 백성에게 약속하신 것이 지금 당신에게 있다고 당신의 마음이 증거하는가?

형제들이여! 하늘에 계신 우리 아버지께서는 자신의 자녀들에게 성령의 선물을 주겠다고 약속하셨다. 예수님 자신도 "너희가 성령을 받을 것인데 성령이 내 것을 가지고 너희에게 알리실 것이다. 너희는 위로부터 능력을 받아야 한다"라는 취지로 말씀하셨다.

내 주변을 둘러보면, 차갑게 말라서 죽어버린 근본주의자들이 성경본문을 자기들 멋대로 해석하는 것이 보인다. 그들은 초대교회의 그리스도인들에게 있었던 것이 자기들에게도 있다고 주장하면서, 내가 그들의 주장에 동조하기를 은근히 바란다. 그러나 나는 절대 그럴 수 없다!

초대교회의 신자들은 비유적으로 말하자면 순종(純種)이었다. 하나님의 영이 그들에게 임하셨기 때문에 그들은 빛과 능력과 생명으로 충만했다. 그들과 비교하면 우리는 비유적으로 말해서 잡종(雜種)이다.

나는 어린 시절을 펜실베이니아 주(州)의 농장에서 보냈다. 그때 우리 집에는 잡종 닭들이 있었는데, 때때로 나의 어머니는 플리머스 록(Plymouth Rock) 같은 우수한 종자들을 가져와 종자개량을 시도했다. 그러나 종자개량을 시도한 후 5~6년이 지나면 그것들은 다시 옛날의 잡종으로 돌아갔다. 다시 잡종으로 돌아간 그들의 모양은 참으로 보기 흉했다. 꼬꼬댁거리는 잡스러운 암탉들로 변해버려 작은 알밖에 낳지 못했는데, 어떤 녀석들은 그나마도 낳지 못했다.

지금 우리 그리스도인들도 옛 아담의 성질로 돌아가는 경향이 있다. 우리 자신의 모습을 보라. 그러면 우리가 회심 때에 자동적으로 주님의 제자들 같은 순종으로 변한다고 말할 수 있겠는가?

하나님께서는 오순절 성령 강림을 통해 성령 충만한 생활이 얼마나 아름답고 놀라운 것인지를 분명히 보여주셨다. 그렇다면 당신이 성령 충만하여 승리의 신앙생활을 하고 있다는 증거가 당신 자신에게서 발견되는가?

무디의 간증

쿡(Cook) 부인의 이야기를 해보자. 그녀는 시카고의 사우스 사이드(South Side)에 있는 검소한 집에서 살았던 친절하고 자그마한, 나이가 좀 든 여인이었다. 그녀는 성령 충만한 복된 삶이 무엇인지 아는 사람이었다.

그 도시에 사는 한 젊은 남자가 회심을 했는데, 그는 세일즈맨으로 나갔더라면 크게 성공할 수도 있는 사람이었다. 그는 매우 바쁘게 일했다. 이곳저곳을 돌아다니기를 좋아했던 그는 실제로 그렇게 살았다. 그는 바로 D. L. 무디였다.

어느 날 그를 만난 쿡 부인은 "무디 씨, 언젠가 시간이 되면 내가 할 이야기가 있으니 우리 집으로 오세요"라고 말했다. 그후 무디가 그녀의 집을 찾았을 때 그녀는 그를 의자에 앉힌 다음 "무디 씨! 당신이 하나님의 큰 은혜로 구원받은 것을 보니 너무 기쁩니다. 또한 주님을 위한 당신의 열정 때문에 나는 매우 감사합니다. 하지만 당신에게 부족한 것이 있습니다. 당신은 성령의 기름부음을 받아야 합니다" 하고 말했다.

그녀의 말을 듣고 무디는 "저는 하나님께서 제게 주기를 원하시는 것이라면 무엇이든 받고 싶습니다"라고 대답했다.

그녀가 "좋습니다. 여기에 무릎을 꿇으세요"라고 말했을 때 그는 마루 위에 무릎을 꿇었다. 두 사람이 기도한 후 그녀가

"오, 하나님! 이 젊은이를 하나님의 영으로 충만케 하소서"라고 기도했다.

무디는 바로 그 자리에서 그의 마음을 열었으며, 순종하는 마음으로 자기를 빈 그릇으로 드린 다음, 하나님의 약속을 믿음으로 받아들였다. 그러나 그 당시에는 아무 일도 일어나지 않았다.

며칠 후 그가 다른 도시에 갔을 때 그에게 성령님이 임하셨다. 하나님께서는 뿔에 기름을 담아 그에게 찾아오셔서 성령의 기름을 부어주셨다. 당시 체험에 대해 그는 훗날 이렇게 회상했다.

"내가 길거리를 걷고 있을 때 '홀연히' 하나님께서 쿡 부인의 부엌에서 내게 하셨던 약속을 이루셨다. 나는 뒷골목을 찾아 들어가 손을 들고 '오, 하나님! 이제 능력을 그만 부어주십시오. 그렇지 않으면 제가 죽을 것 같습니다' 라고 기도했다. 그 후 나는 전과 똑같은 성경본문을 가지고 설교를 했지만 설교의 능력은 너무나 달랐다. 성령님이 오셔서 큰 능력을 부어주셨기 때문이다."

물론 무디가 이런 체험을 하기 전에도 그에게 성령님이 계셨다. 그런 체험 전에 이미 성령님은 그에게 임하여 그를 거듭나게 하셨다. 바울도 "누구든지 그리스도의 영이 없으면 그리스도의 사람이 아니라"(롬 8:9)라고 말하지 않았는가?

그러나 성령님이 우리를 거듭나게 하시는 것과 그분이 우리를 충만케 하시는 것은 전혀 다르다. 무디의 체험도 이를 증명해준다. 이미 거듭났던 무디가 성령 충만을 체험했기 때문에 그는 우리에게도 성령 충만을 받으라고 호소하는 것이다. 1세기의 제자들이 성령 충만을 받았다고 해서 지금 우리가 성령 충만을 받을 필요가 없다고 주장하는 것은 정말 잘못된 것이다.

성령님이 교회에 임하셨을 때 성령의 불로 뜨거워진 교회는 온 세상으로 나가 100년 동안 복음을 전했다. 그러나 그후 긴 침묵의 시기가 찾아왔다.

오늘날의 어떤 사람들은 "주님이 다시 오셔서 우리에게 많은 고을들을 다스릴 권세를 주실 때까지 우리는 성령 충만을 받을 필요 없이 조용히 지내기만 하면 된다"라고 어리석은 주장을 늘어놓는다. 그러므로 우리는 성경을 찾아보고 그들의 주장이 정말로 맞는지 확인할 필요가 있다. 기도하고 믿고 순종하라. 그러면 하나님께서 우리에게 성령 충만의 큰 복을 허락하실 것이다.

A.W. TOZER
THE COUNSELOR

2부

보혜사 성령님의
뜨거운 역사를 체험하는가?

|||

제자들은 살아 계신 하나님의 임재를 갑자기, 분명히 의식하게 되었다.
오순절 이전에도 그들은 예수님을 알았고 사랑했다.
그러나 오순절에 성령님이 강림하셨을 때 그들은 하나님이 그들에게 임하셨다는 것을 갑자기,
분명히 깨닫게 되었다. 그들은 자기들이 다른 세계와 직접 접촉하고 있다는 것을 깨닫게 되었다.

4장

보혜사는 영적,
도덕적 부패를 일소하신다

보혜사 성령님이 비둘기같이 찾아오셨다. 사람들은 서로 화해했다.
그들은 정결케 되었고, 그들의 마음에서 거리끼는 것들을 제거했고, 죄를 버렸다.

하나님의 홍수 심판

"여호와께서 사람의 죄악이 세상에 관영함과 그 마음의 생각
의 모든 계획이 항상 악할 뿐임을 보시고 땅 위에 사람 지으셨
음을 한탄하사 마음에 근심하시고 가라사대 나의 창조한 사람
을 내가 지면에서 쓸어버리되 사람으로부터 육축과 기는 것과
공중의 새까지 그리하리니 이는 내가 그것을 지었음을 한탄함
이니라 하시니라"(창 6:5-7).

"하나님이 노아에게 이르시되 모든 혈육 있는 자의 강포가
땅에 가득하므로 그 끝 날이 내 앞에 이르렀으니 내가 그들을
땅과 함께 멸하리라 너는 잣나무로 너를 위하여 방주를 짓되

그 안에 간들을 막고 역청으로 그 안팎에 칠하라"(창 6:13,14).

"노아 육백 세 되던 해 이월 곧 그달 십칠 일이라 그날에 큰 깊음의 샘들이 터지며 하늘의 창들이 열려 사십 주야를 비가 땅에 쏟아졌더라"(창 7:11,12).

"땅 위에 움직이는 생물이 다 죽었으니 곧 새와 육축과 들짐 승과 땅에 기는 모든 것과 모든 사람이라 … 지면의 모든 생물 을 쓸어버리시니 곧 사람과 짐승과 기는 것과 공중의 새까지라 이들은 땅에서 쓸어버림을 당하였으되 홀로 노아와 그와 함께 방주에 있던 자만 남았더라"(창 7:21,23).

"사십 일을 지나서 노아가 그 방주에 지은 창을 열고 까마귀 를 내어놓으매 까마귀가 물이 땅에서 마르기까지 날아 왕래하 였더라 그가 또 비둘기를 내어놓아 지면에 물이 감한 여부를 알고자 하매 온 지면에 물이 있으므로 비둘기가 접족(接足)할 곳을 찾지 못하고 방주로 돌아와 그에게로 오는지라 그가 손을 내밀어 방주 속 자기에게로 받아들이고 또 칠 일을 기다려 다 시 비둘기를 방주에서 내어놓으매 저녁때에 비둘기가 그에게 로 돌아왔는데 그 입에 감람 새 잎사귀가 있는지라 이에 노아 가 땅에 물이 감한 줄 알았으며 또 칠 일을 기다려 비둘기를 내 어놓으매 다시는 그에게로 돌아오지 아니하였더라"(창 8:6-12).

이 말씀들 중에서 나는 특히 창세기 8장 9절 말씀에 주목하고 싶다.

"온 지면에 물이 있으므로 비둘기가 접족할 곳을 찾지 못하고 방주로 돌아와 그에게로 오는지라."

하나님께서는 노아 홍수 이전의 세상을 어떻게 보셨으며, 왜 그 세상을 심판하셨는가? 사람들의 마음을 깊이 살피셨을 때 그분은 인류의 마음이 부패하고 사악하고, 악한 생각과 상상으로 늘 가득하다는 것을 아셨다.

이제 그분은 지금 우리의 세상을 어떻게 보시는가? 방금 위에서 읽은 말씀들은 성령님이 이 세상에 얼마나 필요한 분인지를 우리에게 상기시킨다. 또한 이 말씀들은 세상이 '선한 사람들'이라고 부르는 사람들을 우리가 어떻게 평가해야 할지를 가르쳐준다.

세상과 성령님

성령님에 대해 말씀하시면서 예수님은 "저는 진리의 영이라 세상은 능히 저를 받지 못하나니 이는 저를 보지도 못하고 알지도 못함이라"(요 14:17)라고 말씀하셨다. 그리스도인들이 반드시 알아야 할 사실이 있는데, 그것은 세상이 성령님에 대해 알지 못한다는 것이다. 세상은 성령님에 대해 아무것도 모르지만, 세상의 선한 사람들에 대해서는 이야기한다. 선한 사람이 대학이나 병원에 거액의 기부금을 내면 세상은 그의 선행을 알아준다. 만일 어떤 의사가 나병환자들을 위한 진료소를 운영한다면 그 이름이 세상에 널리 알려지고, 심지어 그에 관한 책들도 출판된다. 세상은 선한 사람들에 대해서는 알지만, 성령님을 좋아하지 않는다. 왜냐하면 선한 사람들조차 하나님의 심판 아래 있기 때문이다. 대학이나 자선단체 같은 곳에서 아무리 선한 것들이 발견된다 할지라도 그것은 하나님이 보시기에 부패한 것들이다. 왜냐하면 중생(重生)이나 하나님의 임재와 아무 상관 없이 이루어지는 선(善)이기 때문이다. 그러므로 그것들도 하나님의 진노 아래 있다. 세상은 하나님의 영을 받지 못한다!

사람들의 행위를 보신 하나님은 그 마음에 커다란 아픔을 느끼셨다. 사실 사랑이 없는 곳에서는 아픔도 생기지 않는다. 당신이 어떤 사람을 사랑하지 않는다면 그 사람 때문에 슬퍼할 일도 생기지 않을 것이다. 하나님은 자신이 지으신 인류를 사랑하셨다. 비록 그들이 타락하고 부패했지만 하나님은 그들을 사랑하셨다. 그분이 슬퍼하셨던 것은 그분의 사랑 때문이었다. 그들을 향한 사랑 때문에 그분의 마음은 근심으로 가득하셨다.

때로는 절단 수술이 의사가 환자에게 해줄 수 있는 최선의 조치일 수 있다. 절단 수술을 하지 않으면 환자가 죽기 때문이다. 인류를 사랑하시는 하나님께서 그들을 내려다보셨을 때 그분의 눈에는 도덕적 부패가 그들의 혈관과 세포 속까지 침투해 있는 것이 보였다. 하나님은 도덕적 부패를 일소(一掃)하기 위해 긍휼 가운데 심판을 내리지 않으면 환자가 죽을 것이라는 것을 내다보셨다. 인류가 죄악의 무게를 이기지 못하고 완전히 멸망해버리기 전에 그분은 소수의 사람들을 구해내서 새 출발하기로 작정하셨다. 하나님은 이 땅에 심판을 보내셨고, 물이 전에 바다를 덮었던 것처럼 이제는 땅을 덮었다.

홍수가 온 땅을 휩쓴 다음 많은 날들이 지났을 때 여덟 사람과 동물들과 새들과 기타 생물들을 실은 방주는 여전히 표류하고 있었다. 사람들과 생물들을 익사시킨 홍수는 오랜 세월 동안 점점 줄어들었다. 그러나 부패가 다시 찾아오기 시작했다.

방주가 아라랏 산에 머물렀을 때 노아는 방주를 열었다. 주지하듯이, 방주의 창문들은 하늘을 향해 나 있었다. 노아가 밑을 내려다볼 수 있도록 해주는 정문(正門)이 방주에 없었던 것이 분명하다. 노아는 땅이 말랐는지 어떤지를 알기 위해 새를 이용하기로 결정했다. 그는 하나님의 심판의 물이 줄었는지 어떤지를 알기를 원했다. 그는 방주의 창문을 열고 까마귀를 내보냈다.

우리가 상상하거나 이해하기 어려운 광경이 이제 우리 앞에 펼쳐진다. 검은색의 까마귀가 황폐한 땅 위를 날고 있다. 황폐한 땅은 무엇을 의미하는가? 바로 하나님의 심판을 의미했다. 세상의 죄악에 대한 하나님의 진노가 땅에 떨어졌기 때문에 땅이 황폐해진 것이다. 심판의 물, 물결에 쓸려 다니는 침니(沈泥), 떠다니는 시체들, 죽은 짐승들, 무수한 표류 화물들은 땅에 임한 하나님의 심판의 표징이었다. 검은 까마귀 새는 이렇게 황폐한 땅 위를 날았으며, 그 어두운 마음은 그런 광경에서 평안을 느꼈다. 왜냐하면 썩은 고기를 먹는 그놈은 썩은 고기에서 평안을 느꼈을 것이기 때문이다. 그놈은 노아와 그의 따뜻하고 밝은 방주에서 멀어질수록 즐거워서 깍깍 울었다.

하나님께 심판을 받은 죽음의 땅은 혐오스럽고 무시무시한 광경을 연출했지만, 까마귀는 그런 광경을 결코 싫어하지 않았다. 그 어두운 마음은 오히려 그것을 좋아했을 텐데, 그놈은 그런 환경에서 오히려 더 잘 생존하기 때문이다. 그놈은 즉시 하강하여 가까이 있는 적당한 시체 위에 앉았다. 그놈은 날카로운 발톱과 부리를 이용하여 반쯤 썩은 고기를 뜯기 시작했다. 그리고 게걸스럽게 먹은 다음에는 과식으로 인하여 졸음까지 느꼈다. 까마귀는 떠다니는 물건들 중에서 잠자리로 적당해 보이는 것에 날카로운 발톱을 단단히 쑤셔 박은 다음, 밤잠 인사로 깍깍 소리를 지른 후에 잠들었다. 그가 얻은 행복은 그의 마음이 원했던 것이다. 부패와 황폐, 침니와 오물, 썩은 고기와 죽은 것들, 이런 모든 것들이 그의 체질과 기질에 딱 들어맞았다. 그는 떠다니는 죽은 것들을 먹고사는 놈이었다!

인류는 까마귀를 좋아한다

까마귀는 현재 이 세상이 어떻게 돌아가는지를 보여주는 좋은 예가 된다. 인간이 범죄하고 하나님께서 그를 버리고 그가 하나님을 버렸을 때, 그는 에덴이었던 곳에서 떠났다. 그리고 하나님께 심판을 받았음에도 번성하기 시작했다. 그러나 그는 죽을 수밖에 없는 존재였는데, 이에 대해 성경은 다음과 같이 증거한다.

"여호와 하나님이 그 사람에게 명하여 가라사대 동산 각종 나무의 실과는 네가 임의로 먹되 선악을 알게 하는 나무의 실과는 먹지 말라 네가 먹는 날에는 정녕 죽으리라 하시니라"(창 2:16,17).

"한 번 죽는 것은 사람에게 정하신 것이요 그후에는 심판이 있으리니"(히 9:27).

하나님께서는 모든 인간들을 기뻐하시지 않는다는 것을 분명히 밝히셨으며, 우리는 회개하지 않으면 죽을 수밖에 없는 존재가 되었다. 하나님은 세상의 모든 나라들을 기뻐하시지 않기 때문에 우리는 회개하지 않으면 지옥에 떨어질 수밖에 없다. 하나님은 동양도 싫어하시고 서양도 싫어하신다. 하나님은 국민을 억압하는 독재정권들을 심판하실 것이고, 민주적인 나라들도 심판하실 것이다. 온 인류는 하나님의 심판 아래 있다. 홍인종, 황인종, 흑인종 그리고 백인종이 모두 심판을 받을 것이다. 많이 배운 자나 적게 배운 자나 모두 하나님의 심판대 앞에 서게 될 것이다. 교양 있는 자나 교양 없는 자나 모두 하나님 앞에서 자신의 죄에 대해 해명해야 할 것이다. 동굴에 사는 자나 문명사회에 사는 자나 모두 하나님의 심판을 면할 수 없다.

그러나 사람들은 하나님의 심판을 두려워하지 않는다. 바로 그들 안에 우리가 '죄'라고 부르는 것이 있기 때문이다. 그들이 하나님의 심판을 두려워하지 않는 것은 까마귀처럼 황폐한 곳을 좋아하기 때문이다. 이미 살펴보았듯이, 까마귀의 검은 마음은 심판과 황폐한 곳을 좋아했다. 이와 마찬가지로 인간들도 하나님의 심판 아래 있는 세상을 좋아한다.

이런 썩은 세상에 한 분의 선한 인간이 찾아오셨다. 그분은 33년 동안 이 땅에 머무르셨고 그 다음에는 사람들의 손에 의

해 십자가에 못 박히셨다. 세상의 황폐
함과 어두움과 죄를 사랑하는 사람들은
선한 사람을 경멸한다. 선하면 선할수
록 그만큼 더 경멸한다. 까마귀가 방주
로 돌아오지 않고 황폐한 곳에서 살았듯

까마귀가 방주로 돌아오지 않고
황폐한 곳에서 살았듯이 인간들
도 떠도는 죽은 것들 위에 문명을
건설하면서 살아왔다.

이 인간들도 떠도는 죽은 것들 위에 문명을 건설하면서 살아왔
다. 그러나 우리는 이런 썩은 모습을 인정하지 않는다. 오히려
우리는 문명을 자랑한다. 우리가 가진 다리, 도로, 첨단기술, 교
육 같은 것들을 자랑스럽게 여긴다. 그러나 하나님께서는 우리
의 마음을 내려다보시며 "온 세상이 부패로 가득하다"라고 말
씀하신다. 그렇다! 세상은 부패로 가득하다.

비둘기가 앉을 곳은 없었다

영적으로 예민한 그리스도인이 들을 수 있는 가장 무서운 소
리는 하나님의 날개가 퍼덕이는 소리라고 나는 생각한다. 하나
님은 이 세상으로 내려오기를 원하신다. 그분은 국회(國會)로
오기를 원하신다. 그분은 국제연합(UN)으로 들어오기를 원하
신다. 그분은 우리의 야구팀과 축구팀 안으로 들어오기를 원하
신다. 그러나 그분이 들어오실 수가 없다. 왜냐하면 그분의 심
판이 사람들 위에 머물러 있기 때문이다. 그분의 진노는 부패

하고 폭력적이고 사악한 세상 위에 머물러 있다. 성령님은 우리에게 내려오기를 원하시지만 그렇게 하실 수 없다. 그분은 인류를 사랑하시기 때문에 내려오기를 원하신다. 그분은 이 세상에서 가장 악한 죄인도 사랑하시는데, 그처럼 가장 악한 죄인은 당신이 될 수도 있고 내가 될 수도 있다. 죄는 몸과 행위의 문제이기도 하지만 동시에 마음의 문제이기도 하다.

"세상이 성령님을 받아들일 수 없었다"라고 말하고 더 이상 할 말이 내게 없다면, 나는 굳이 이런 말을 하지 않을 것이다. 사실 나를 가장 근심하게 만드는 것은 성령님이 그리스도인들에게도 임하실 수 없다는 것이다. 주지하듯이, 모든 그리스도인들에게는 어느 정도 성령님이 계신다. 이 점을 분명히 하기 위해 나는 성경을 인용하겠다.

"누구든지 그리스도의 영이 없으면 그리스도의 사람이 아니라"(롬 8:9).

성령님이 어떤 사람에게 그의 죄를 깨우쳐주시고 그를 거듭나게 하시면 그 순간부터 그 사람 안에는 성령님이 구원의 보증으로서 머물러 계신다.

성령님은 회심한 사람 속에 어느 정도 거하신다. 만일 어떤 사람 안에 성령님이 계시지 않다면 그는 회심한 사람이 아니다. 성령님이 그의 밖에 머물면서 그를 거듭나게 하시는 것은 아니다. 그분은 그의 안으로 들어오셔야 그를 거듭나게 하실 수 있다. 그러므로 모든 그리스도인들 안에는 성령님이 거하신다. 이 점에 대해서는 우리가 오로지 감사할 뿐이다. 그러나 그분이 단지 그들 안에 거하시는 것으로 끝나서는 안 되고 그분이 그들을 지배하셔야 한다. 그분은 날개를 활짝 펴고 임하여 아무 방해를 받지 않는 가운데 그들의 삶에 충만히 거하셔야 한다. 그분은 교회들과 교파들을 충만히 채우셔야 한다.

성령님이 모든 회심한 사람들 안에 거하신다는 것은 선한 일이요, 옳은 일이요, 현실이다. 노아가 방주 밖으로 날려 보낸 비둘기가 마른 땅 위에 앉기를 희망했으나 발붙일 곳을 찾지 못했듯이 성령님이 우리 위에 임하기를 원하시지만 우리에게서 발붙일 곳을 찾지 못하시는 것도 사실이다. 오늘날도 성령님은 자신의 발을 머물게 할 장소를 찾으신다. 성령님이 이렇게 찾아오시는 것을 우리는 '부흥'이라고 부른다. 우리는 성령님이 비둘기처럼 우리 위에 내려앉으시기를 간절히 원한다!

나는 진리를 말하지 않을 수 없다. 내가 말하는 진리는 환영받지 못한다. 심지어 성도들에게도 환영받지 못한다. 내가 말하고 싶은 진리는 이것이다. 복음주의, 근본주의 그리고 복음적 교회들 위에 성령님이 내려오시지 않는다면, 하나님의 비둘기가 그분의 날개를 펴고 임하여 우리에게 그분의 존재를 알리고 우리로 하여금 그분의 존재를 느끼게 만드시지 않는다면, 수년 안에 현재의 근본주의는 자유주의가 될 것이고, 현재의 자유주의는 유니테리언주의(Unitarianism, 삼위일체와 그리스도의 신성을 거부하고, 교리의 일치 없이도 신앙 공동체를 결성할 수 있다고 믿는 이단 사상)가 될 것이라는 사실이다.

심판이 다가오고 있다

이 세상은 우리를 하나님께 인도하는 은혜에 대해 적대적 태도를 취한다. 우리는 세상과 정반대의 방향으로 가고 있다. 당신은 이 문제에 대해 생각해보았는가, 아니면 당신을 즐겁게 해주는 곳을 쫓아다니느라고 바쁜가? 당신은 이런 모든 문제에 대해 생각해보았는가? 당신과 나는 장차 하나님의 심판대 앞에 서야 한다. 당신과 나는 눈이 불꽃 같고 입에서는 좌우에 날 선 검(劍)이 나오는 분 앞에 서야 한다. 우리는 자신의 몸으로 행한 일들에 대해 그분께 해명해야 한다. 우리는 웨슬리가 '그레이트 어사이즈'(The Great Assize, 최후의 심판)라고 부른 것에 직면하여 이 땅에서 몸으로 행한 것들에 대해 심판을 받아야 한다. 이것은 죄인들을 심판하는 '백보좌 심판'(the Great White Throne Judgment)이 아니다. 이것은 그리스도인들을 심판하는 또 다른 심판이다. 이 심판의 자리에서 우리는 이런 모든 문제에 대해 우리가 진지한 자세로 임했다는 것을 그분께 보여드려야 한다. 우리는 이 땅에서 즐겁게 살기 위해서가 아니라 거룩하게 살기 위해 노력했다는 것을 하나님께 보여드려야 할 것이다.

성령님은 자신의 발을 붙일 곳을 찾으신다. 성령님의 거룩한 날개가 퍼덕거리는 소리가 내 귀에 들린다. 우리가 성령님을 슬프게 해드리거나 성령님의 감동의 불을 끌 때 그분이 탄식하시는 소리가 내 귀에 들린다. 우리의 회개와 우리 마음의 슬픔의 표징을 찾기 위해 사방을 둘러보시는 성령님의 모습이 내 눈에 보인다. 성령님은 하나님의 심판이 교회에서 사라지는 것을 보기를 간절히 원하신다. 하나님께서 세상을 심판하실 때 그것은 두려움과 불의 심판이 될 것이지만, 하나님은 교회도 심판하기를 원하신다. 그분은 그분의 자녀인 당신과 나를 심판하기를 원하신다. 그분은 주(主)의 집에서 시작하기를 원하시며, 우리의 심판을 시작하기를 원하신다. 성령님의 온전한 능력이 우리에게 없다면, 그것은 언제나 비난받아야 마땅한 일이다.

하나님께서는 자신의 백성이 지은 죄들을 기뻐하시지 않는다. 이런 죄들 중 몇 가지 예를 들어보자. 행위와 습관의 죄들이 있다. 이기심의 죄들이 있는데, 예를 들면 세상 사람들은 굶주리는데 당신은 부(富)를 즐기며, 수백만의 사람들이 죽는데 당신은 왕처럼 산다. 그리고 정욕 같은 마음의 죄들이 있다.

당신은 그리스도인이거나 또는 적어도 좋은 교회의 교인이면서도 마음에 정욕을 품고 살 수 있다. 당신은 좋은 교회에 속해 있으면서도 마음에 원한을 품을 수도 있다. 당신이 목회자, 장로, 집사 또는 그들이 교회로 데려온 사람들을 찾아간다 해도 그들은 당신의 마음속을 들여다볼 수 없기 때문에 당신의 마음속에 정욕이 도사리고 있는지 어떤지 알 수 없다. 우리 모두는 교회에서 밝게 미소 짓는 데 아주 능숙하다. 우리는 남들에게 경건하게 보여야 할 상황에 처하면 재빨리 경건의 모습을 갖춘다. 교회의 어떤 부서에 가입하려고 할 때 우리는 경건한 미소를 지으며 관계자들을 찾아간다. 그러면 그들은 우리를 가리켜 '경건한 교인'이라고 칭찬하지만, 우리의 마음속에는 정욕이 가득하다. 하나님은 이런 우리를 미워하신다. 이런 우리에게 비둘기 같은 성령님은 임하시지 않는다.

우리는 교회에서 여자 성도의 마음속을 들여다볼 수 없다. 그러나 그 성도는 맞은편에 사는 다른 여자가 큰 차나 비싼 모피 코트를 가진 것을 시기하는 마음으로 가득 차 있다. 어떤 교회들에서는 장로들과 집사들이 여러 해 동안 동일한 위원회에서 일하지만, 그들 마음속에는 고백하지 않은 원한이 도사리고 있다. 마음속의 원한은 간음만큼 악한 것이다. 여자 성도의 마음속에 도사리고 있는 시기심은 세상을 사랑하는 마음만큼 악한 것이다. 세상 사람들은 악을 행하는 데 능숙하다. 그러나 그런 사람들을 볼 때 나는 '경건하다는 신자들이 마음속에 원한과 시기를 가득 품고 있는 것은 세상 사람들이 능숙하게 악을 행하는 것만큼 나쁜 것이 아닌가?' 라는 의문을 품지 않을 수 없다.

나는 오랜 세월 늘 마음속에 원한을 품고 사는 사람들을 봐왔지만, 그 누구에게도 분노하지 않으려고 한다. 나는 결코 그들을 향해 분노하지 않을 것이다.

나는 신경질적이고 불같은 성격을 가진 영국인(英國人) 집안에서 태어났다. 나의 아버지는 원자탄의 방아쇠 같은 기질의 소유자였기 때문에 쉽게 화를 냈다. 나는 그 분이 분노 중에 삽을 집어 들어 외바퀴 손수레를 두들기는 모습을 보기도 했다. 그러나 나는 그 누구에게도 언짢은 마음을 품고 있지 않을 것이다. 원한, 악의(惡意) 그리고 용서하지 않는 마음은 나의 생명을 좀먹을 뿐이다. 나는 결코 그런 마음을 품지 않을 것이다.

당신의 마음에 들지 않는 사람이 있다면 그 사람을 용서하라. 그러면 당신의 마음이 편안해질 것이다. 마음속에 가득한 원한, 시기, 질투 그리고 교만을 버려라. 당신이 제일이라는 교만, 당신의 교회가 제일이라는 교만, 당신의 출신학교가 제일이라는 교만, 당신의 집안이 제일이라는 교만, 당신이 이룬 업적이 제일이라는 교만, 이런 교만들을 버려라.

또한 우리는 하나님을 향해 냉담한 마음을 품고 살아간다. 우리가 하나님을 찬양하고 하나님께 기도하지만, 우리의 찬양과 기도에는 뜨거움이 없다. 우리의 예배는 차갑고 뻣뻣하다. 하나님은 하나님을 향해 마음이 식어버린 이스라엘 민족에게 아모스 선지자를 보내어 이렇게 경고하셨다.

"화 있을진저 시온에서 안일한 자와 … 상아 상에 누우며 … 비파에 맞추어 헛된 노래를 지절거리며 다윗처럼 자기를 위하여 악기를 제조하며 … 요셉의 환난을 인하여는 근심치 아니하는 자로다"(암 6:1,4-6).

우리는 근본주의자들이다. 그렇다! 우리는 큰 성경을 경건하게 들고 다닌다. 그렇다! 우리는 복음주의자들이다. 그렇다! 그러나 교회가 시들어가고 있는데도 우리는 관심을 기울이지 않는다. 어쩌다 관심을 기울인다 해도 아주 조금밖에 기울이지 않는다.

우리는 구원받지 못한 자들에 대해 관심을 기울이지 않는다

저 밖에는 불쌍한 병든 세상이 있다. 나로 말할 것 같으면, 세상 사람들이 멸망하는데 나 혼자 행복해지고 싶은 생각은 추호도 없다. 어느 누구도 세상을 충분히 사랑한다고 말할 수 있는 사람은 없다. 세상을 위해 목숨도 내놓을 만큼 세상을 사랑하셨던 예수님만 실제로 세상을 위해 죽으셨다. 이스라엘 민족을 위해 죽음도 불사할 정도로 그들을 사랑했던 바울은 그들을 구원할 수 있다면 자신은 저주를 받아도 좋다고 말했다. 그러나 오늘날 우리에게는 이런 사랑이 없는 것 같다.

교회의 중심은 언제나 그리스도와 성령님이셔야 한다. 교회의 중심은 언제나 하나님과 천국과 의(義)여야 한다.

오늘날의 기독교는 영적인 성격보다는 사교적(社交的)인 성격이 강하다. 교회는 기본적으로 영적인 집단이면서 거기에 사교적인 성격을 어느 정도 가미해야 하는데, 현재 대부분의 교회는 그와 정반대이다. 교회의 중심은 언제나 그리스도와 성령님이셔야 한다. 교회의 중심은 언제나 하나님과 천국과 의(義)여야 한다. 과거에 주님을 사랑하는 사람들은 서로 간에 대화를 나눌 때 영적인 것들에 대해 이야기했다.

나는 하나님 외에 다른 것에 대해서는 말하지 않는 사람들을 만나보았다. 그들 중 한 사람은 로버트 제프리(Robert Jaffray)라는 이름을 가진 캐나다 사람이었다. 그의 가족은 '토론토 글로브 앤드 메일'(Toronto Globe and Mail, '글로브 앤드 메일'은 19세기에 정치인 조지 브라운이 창간한 캐나다의 신문이다)을 발간하는 사람들이었다. 제프리는 그리스도인이 되었지만, 그가 그리스도인이 되는 것을 반대한 가족과의 불화 때문에 해외 선교사로 나갔다. 이 선하고 경건한 하나님의 사람은 선교지에서 여러 해 동안 잃어버린 영혼들을 찾아서 주님께 돌아오게 만들었다. 언제나 지도를 보면서 그는 소위 잘나간다는 사람들이 전혀 찾지 않는 오지(奧地)로 들어갔다. 그는 당뇨에 시달렸으며, 그에게 맞는 식생활을 유지하는 데 어려움을 겪었다. 그러나 그는 그의 일을 멈추지 않았고, 그가 구할 수 있는 음식이라면 무엇이든지 먹어야 하는 상황에 놓여 있었다. 그는 세상의 가난하고 비참한 민족들과 함께 생활하면서 "내 백성을 보내라"(출 5:1)라는 하나님의 말씀을 전했다.

로버트 제프리는 일상적인 일들에 대한 대화에는 아무 관심이 없는 정도에까지 이르렀다. 만일 당신이 그를 만나 그에게 일상적인 일들에 대해 이야기를 꺼낸다면 그는 고개를 숙이며 간단히 대답한 다음 하나님과 선교에 대해 이야기를 시작할 것이다. 사실 나는 제프리처럼 오직 하나님의 일들에만 관심이 있기 때문에 다른 일들에 대해서는 전혀 무관심한 사람들을 만나보았다.

내 형제자매들이여! 하나님은 이런 사람들을 사랑하신다. 하나님은 그들을 찾아와 충만케 하고 그들의 모든 것을 책임져주기를 기뻐하신다. 이제 하나님은 올바른 삶을 살기를 갈망하는 사람을 찾으신다. 하나님은 하나님의 진노가 말라버린 곳, 더 이상 심판과 죽음이 없는 곳, 침니(沈泥)와 오물이 깨끗이 씻겨 나간 곳, 성령님이 능력 가운데 임하실 수 있는 곳을 찾으신다. 그분은 우선 우리에게서 이런 곳을 찾기를 원하신다. 또한 그분은 우리 모두를 위해 이런 곳을 찾으려고 하신다.

여린 마음을 가진 선교사의 이야기

이제 나는 내가 실제 체험한 일을 이야기해주고 싶다. 언젠가 나는 기차로 여행을 하고 있었는데, 내가 아는 어떤 한 사람이 기차에 오르더니 내 옆에 앉았다. 매우 낙심하고 여린 표정의 그는 내게 이렇게 말했다.

"토저 목사님! 목사님께 한 가지 물어보고 싶습니다. 사실 저는 고민에 빠져 있습니다. 제가 왜 이렇게 되었는지를 얘기하겠습니다. 몇 년 전 인도에 있는 저희 선교회에서는 이상한 일이 일어났습니다. 그전까지 저희 선교회는 은혜 가운데 모든 일이 잘 돌아갔습니다. 그러던 중 선교사들과 원주민 그리스도인들이 모여 부흥회를 열었습니다. 저희는 모두 둥글게 둘러앉아 있었고, 강사로 초빙받은 장로교 선교사가 저희에게 설교를 했습니다. 그는 얼마 동안 설교를 한 후 자리에 앉았습니다.

그런데 토저 목사님! 제가 이해할 수도 없고 묘사하기도 힘든 일이 그때 일어났습니다. 설교자가 자리에 앉았을 때 사랑과 빛의 파도 같은 것이 갑자기 그곳에 모인 사람들을 덮었으며, 저희는 완전히 무너졌습니다.

어떤 한 선교사가 다른 선교사에게 달려가 '나를 용서하십시오. 나를 용서하십시오' 라고 말했으며, 또 다른 어떤 선교사도 다른 선교사에게 달려갔습니다. 그들은 서로 부둥켜안고 울었습니다. 이런 일이 있은 후에 저희 가정도 완전히 변했습니다. 물론 그전에도 아내와 저는 금실 좋은 부부로서 정상적인 그리스도인의 가정을 꾸려가고 있었습니다. 하지만 그 사건 이후 저희 가정은 천국처럼 변했습니다.

하지만 그것까지는 좋은데, 다른 문제가 생겼습니다. 그때 이후 저는 매우 여린 성격으로 변해서 툭하면 눈물을 흘리는 사람이 되었습니다. 설교단에서 설교하기 위해 일어나면 금방이라도 울음을 터뜨릴 것 같습니다. 전에는 그렇지 않았습니다. 그때 인도에서 성령님이 갑자기 임하신 후 저는 아주 쉽게 눈물을 흘립니다.

인도에서 미국으로 배를 타고 오는 중에도 이런 일이 있었습니다. 어느 날 아침 저는 사람들의 부탁을 받고 선상(船上) 예배를 인도하게 되었습니다. 그들은 제게 몇몇 공산주의자들이 예배에 참석하게 될 것이라고 말해주었습니다. 예배가 시작되었고, 저는 성경본문을 읽었습니다. 그러나 인도에서 있었던 영광스러운 일이 다시 생각나서 저는 울기 시작했고, 결국 설교를 완전히 마칠 수 없었습니다."

"예배에 참석한 공산주의자들이 형제님이 우는 것을 보고 어떤 반응을 보였습니까? 그들이 조롱했습니까?"

"아닙니다. 결코 아닙니다. 그들은 매우 경건한 태도를 보였습니다. 물론 지금 제가 공산주의를 좋다고 말하는 것은 아닙니다. 다만 적어도 그때 그 경우에는 성령님이 그들의 입을 막아주신 것이 분명합니다."

"형제님! 지금 형제님은 내게 어떻게 하면 여린 마음을 극복할 수 있는지에 대해 조언을 구하지만, 나는 형제님에게 여린 마음을 극복할 필요가 없다고 말해주고 싶습니다. 지금 이 세상에는 눈물이 말라버린 설교자들이 너무 많습니다. 눈물 한 방울 흘리지 않는 사람들이 너무 많습니다! 하나님이 주시는 눈물이 계속 흐르도록 할 수 있다면, 그렇게 하십시오. 여린 마음을 버릴 필요가 없습니다. 형제님의 보석(寶石) 같은 눈물을 포기해서는 안 됩니다."

당신은 이 선교사가 어떻게 그런 상태까지 이르게 되었는지 이제 이해하겠는가? 그들에게 성령님이 임하셨던 것이다. 성령님이 비둘기같이 찾아오셨던 것이다. 그들은 서로 화해했다. 그들은 정결케 되었고, 그들의 마음에서 거리끼는 것들을 제거했고, 죄를 버렸다. 선교사들이 그들의 죄를 버리는 일이 일어났던 것이다. 전능하신 하나님이 기뻐하시지 않는 것들이 사라졌을 때 성령님이 임하셨던 것이다!

5장

보혜사는 하늘 능력의
사람으로 변화시키신다

|||

성령님의 능력이 제자들에게 임했을 때 그들의 말은 사람들의 마음을 파고들어가는 능력을 발휘했다.
베드로가 오순절 날에 말씀을 선포했을 때 사람들은 마음에 가책을 느꼈다.
즉, 그들의 마음이 찔렸던 것이다.

성령님의 능력을 받고 변화된 제자들

"볼지어다 내가 내 아버지의 약속하신 것을 너희에게 보내리니 너희는 위로부터 능력을 입히울 때까지 이 성에 유하라 하시니라"(눅 24:49).

이 말씀에서 우리는 아주 간단하고 분명하고 강력한 진리를 보게 된다. 이 진리는 성령님이 모든 것을 이루신다는 것이다.

우리 주님은 제자들에게 그들이 장차 세상을 뒤흔들 만한 큰일을 감당하게 될 것이라고 말씀하셨다. 그 큰일이란 주님의 복음, 주님의 구속(救贖) 그리고 주님의 변화의 능력을 온 세상 사람들에게 전파하는 것이었다.

그런데 세상 사람들이 믿음을 통해 구원을 받도록 "가서 복음을 전하라"라고 제자들에게 말씀하신 주님이 누가복음 24장 49절에서는 "이 성(城)에 유하라"라고 말씀하셨다. "가서 복음을 전하라"라고 말씀하신 분이 지금 여기에서 "가지 말고 기다리라"라고 말씀하신 데에는 필시 그럴 만한 불가피한 이유가 있을 것이다.

성령님이 능력 가운데 제자들에게 임하셨을 때 그들에게는 큰 변화가 일어났다. 그들에게 정확히 무슨 변화가 일어났는지를 알기 위해서는 우선 주님의 말씀을 들은 제자들이 어떤 사람들이었는지를 살펴보아야 한다.

그들은 주님이 부르고 택하신 제자들이었다. 성경은 그들이 어떤 사람들이었는지를 분명히 말해준다. 더욱이 성경은 다른 분이 아닌 바로 주 예수 그리스도께서 그들을 오랜 세월 동안 가르치셨다고 증거한다. 이런 의미에서 그들은 이 세상에서 가장 훌륭한 신학교를 졸업했다고 말할 수 있다. 예수님 자신이 그들을 3년 동안 가르치셨던 것이다!

또한 우리는 그들이 신적(神的) 권위를 받고 그것을 소유했었다는 것을 기억해야 한다. 그들이 소유했던 권위와 똑같은 권위를 오늘날 행사하겠다고 감히 시도하려는 사람은 거의 없을 것이다. 예수님은 그들에게 "어디든지 가라. 너희가 귀신들을 쫓아내고 병자들을 고칠 때 바로 나의 모든 권위를 사용하라"라고 말씀하셨다. 그분은 영적 체험을 하지 못한 사람들에게 그분의 권위를 부여하시지 않는다. 당신은 이것을 분명히 명심해야 한다.

예수님으로부터 "너희는 위로부터 능력을 입히울 때까지 이 성에 유하라"라는 말씀을 들은 제자들은 그분과 아주 깊고 따뜻한 인간관계를 맺었던 사람들이다. 그들은 그분과 3년 동안 꼬박 함께 있었다. 그들은 그분이 십자가에서 돌아가시는 것을 보았고, 죽은 자들로부터 부활하신 것을 보았다. 그들은 살아 계신 예수님, 돌아가신 예수님 그리고 다시 사신 예수님을 보았다. 또한 그들 스스로가 진정으로 회심한 자들임을 말해주는 증거를 보여주었다.

"제자들은 오순절 날에 성령님이 오셨을 때 회심했다"라고 가르치는 사람들이 일부 있다는 것을 나는 잘 안다. 솔직히 말해서, 나는 그들의 주장에 전혀 동의하지 않는다. 그들의 주장은 현대의 신자들이 그들의 세속적 마음과 냉랭한 신앙을 합리화하기 위해 교리를 왜곡한 한 가지 경우이다.

제자들은 그들이 진정으로 회심한 사람들임을 말해주는 증거를 보여주었으며, 주님도 그들이 회심한 사람들이라고 분명히 밝히셨다. 나의 이 말이 의심스럽다면, 예수님이 기도 중에 제자들에 대해 언급하신 말씀을 읽어보라.

"지금 저희는 아버지께서 내게 주신 것이 다 아버지께로서 온 것인 줄 알았나이다 나는 아버지께서 내게 주신 말씀들을 저희에게 주었사오며 저희는 이것을 받고 내가 아버지께로부터 나온 줄을 참으로 아오며 아버지께서 나를 보내신 줄도 믿었사옵나이다 내가 저희를 위하여 비옵나니 내가 비옵는 것은 세상을 위함이 아니요 내게 주신 자들을 위함이니이다 저희는 아버지의 것이로소이다"(요 17:7-9).

이렇게 말씀하신 다음, 요한복음 17장 12절에서 그분은 "내가 저희와 함께 있을 때에 내게 주신 아버지의 이름으로 저희를 보전하와 지키었나이다 그중에 하나도 멸망치 않고 오직 멸망의 자식뿐이오니"라고 말씀하셨다. 그리고 다시 14절에서 "내가 아버지의 말씀을 저희에게 주었사오매 세상이 저희를 미워하였사오니 이는 내가 세상에 속하지 아니함같이 저희도 세상에 속하지 아니함을 인함이니이다"라고 말씀하셨다. 주님은 자신의 제자들에 대해 성부 하나님께 바로 이렇게 말씀하셨던 것이다! 이 말씀이 회심해야 할 필요성이 있는 죄인의 무리에 대한 말씀이라고 해석하는 것은 어불성설(語不成說)이다.

주님은 제자들에게 세계복음화 전략의 핵심을 보여주시면서 "너희가 땅 끝까지 이르러 복음을 효과적으로 증거하기 위하여 성령의 능력을 받을 것이다"라고 약속하신 것이다. 주님은 새 시대가 그들에게 열릴 것이라고 말씀하신 것이다. 하나님께서는 새 시대의 문을 활짝 열어주려고 하셨다. 그런데 그분은 '한층 강화된 영적 체험'을 그들에게 허락하심으로써 새 시대의 문을 열어주려고 하셨다.

하나님은 각각의 시대에 따라 인간들을 다르게 대하시지만, 1월의 달력을 떼어내고 2월의 달력을 붙이는 식으로 시대를 바꾸시는 것은 아니다. 하나님이 시대를 바꾸시는 것은 사람들과 관계가 있지, 달력과 관계가 있는 것이 아니다. 하나님의 시대 구분은 단순한 시간의 흐름이 아니라 영적 체험과 관계가 있다. 하나님의 사람들이 새 시대로 들어가는 것은 단순히 시간적 시대의 변화를 의미하지 않았다. 위로부터 임하는 새로운 감동과 능력이 그들을 새 시대로 밀어넣은 것이다. 이전 시대에는 볼 수 없었던 능력이 그들에게 임함으로써 새 시대가 도래했다. 그 능력은 그들에게 임했고, 그들을 사로잡았고, 그들로 하여금 새로운 방식으로 하나님을 만날 수 있게 해주었다. 사실 이 새로운 능력은 인격체(人格體)였다. 그 인격체가 그들 안으로 들어가 거하신 것이다.

바로 이 점에서 기독교는 동양의 모든 종교 및 사이비 종교와 구분된다. 모든 사이비 종교들은 인간에게 이미 있는 것을 일깨우려고 애쓴다. 그러나 기독교는 "네게 있는 것으로는 부족하기 때문에 너는 위로부터 임하는 능력을 받아야 한다"라고 가르친다. 이 점에서 기독교와 다른 종교들이 구분된다. 다른 종교들은 "네 안에 있는 것들을 분발케 하라"라고 말하면서 그것으로 충분하다고 믿는다.

예를 들어보자. 만일 네다섯 마리의 사자가 당신의 프랑스 산(産) 푸들(poodle) 강아지를 향해 걸어온다면, 당신은 푸들에게 "네 안에 있는 사자를 깨워라"라고 말하겠는가? 그렇게 해서는 당신의 푸들을 사자들로부터 보호할 수 없다. 만일 그렇게 했다가는 사자들이 푸들을 갈기갈기 찢어서 머리털까지 삼켜버릴 것이다. 프랑스 산 푸들은 네다섯 마리의 사자를 당해낼 수 없기 때문이다! 푸들이 사자들을 이기려면 밖으로부터 그에게 임하는 능력이 그를 더욱 크고 강하게 만들어주어야 한다.

이런 식으로 외부로부터 우리에게 임하는 능력이 바로 성령님이시다. 그러나 사이비 종교들은 "마음을 편히 하고 집중하여 당신 안에 있는 창조적 능력을 계발하라"라고 말한다. 그러나 이런 창조적 능력이 우리 안에 없다는 것은 분명한 사실이다. 우리 인간들은 태어나는 순간 죽기 시작한다. 종종 나는 '왜 신생아들은 태어나자마자 우는가? 혹시 죽고 싶지 않아서인가?' 라고 궁금하게 여겼다. 아무튼 그들은 태어나는 순간 죽기 시작한다. "감추어진 잠재력을 살리고 창조적 추진력을 찾아내고 참 자아를 깨우라"라는 주장은 지지를 얻기 힘들다. 왜냐하면 우리가 이 땅 위에서 이리저리 돌아다니며 활동하지만 우리는 언제 죽을지 모르기 때문이다. 늙어갈수록 점점 더 쇠약해져서 세월의 무게를 이기지 못할 것이다. 결국 우리는 탄식하며 숨을 거둔 후 흙으로 돌아가게 된다. 이것이 바로 인간을 기다리고 있는 가능성이다. 우리에게 있는 가능성이란 바로 시체로 변할 수 있다는 것뿐이다.

전능하신 하나님은 "나는 너희 안에 있는 능력을 일깨우기를 원하지 않는다. 나는 너희에게 위로부터 임하는 성령의 능력을 주기를 원한다"라고 말씀하신다. 이것은 인간의 잠재력을 신장시키는 것과 완전히 다른 것이다. 만일 우리에게 필요한 것이 인간의 잠재력의 신장이라면 주님은 이 땅 위에서 그것을 위해 노력하셨을 것이다. 우리에게 필요한 것은 위로부터 임하는 능력을 받는 것이다.

주님의 제자들에게 열린 새 시대의 특징은 한층 강화된 새로운 영적 능력이었다. 그렇다면 이런 능력이 임했을 때 그들에게는 구체적으로 어떤 변화들이 생겼는가?

이 변화들을 알기 위해서 우리는 성령님이 임하시기 전에 그들에게 어떤 것들이 있었는지를 살펴볼 필요가 있다. 성령님은 오순절 날에 그들이 이미 가지고 있는 것들을 주실 필요가 없었다.

우선 그들에게는 참 제자의 지위가 있었다. 그들은 자기들이 주님으로부터 제자로서의 권위를 받았다는 것을 알았다. 그들은 주님을 사랑하는 제자들이었다. 오순절 성령 강림 때에 그들이 비로소 제자가 된 것이 아니었다. 그들은 이미 회심했고 죄 사함을 받았고 주님과 교제를 나누었다. 오늘날 많은 목사들에게 없는 것이 그들에게는 있었다. 그것은 복음을 전하는 은사였다. 그렇기 때문에 누가는 "제자들이 나가 각 촌에 두루 행하여 처처에 복음을 전하며 병을 고치더라"(눅 9:6)라고 기록했다.

또한 제자들에게는 기적을 행하는 능력이 있었다. 그들이 나가서 기적을 행한 후에 주님께 돌아와서 보고했을 때 주님은 그들의 교만을 꾸짖으시며 "너희 이름이 하늘에 기록된 것으로 기

뼈하라"(눅 10:20)라고 말씀하셨다. 그
러나 아무튼 주님은 그들이 주님의 권세
를 행사했다는 것을 부인하시지 않았는
데, 주님이 그 사실을 잘 아셨기 때문이
다. 주님이 그들에게 능력을 주셨던 것

성령님의 능력은 기적을 행하는
것보다 무한히 높고 크고 놀라운
것이다. 제자들은 성령님이 오시
기 전에도 기적을 행했다.

이다! 어떤 사람들은 제자들이 성령 충만을 받기 전에도 기적을
행하는 능력을 갖고 있었다는 사실을 망각한 채 "당신이 성령
충만을 받으면 기적을 행할 것입니다"라고 가르친다. 그러나 성
령 충만을 받지 않아도 기적을 행하는 사람이 될 수 있다. 성령
님의 능력은 기적을 행하는 것보다 무한히 높고 크고 놀라운 것
이다. 제자들은 성령님이 오시기 전에도 기적을 행했다.

그렇다면 성령님이 임하셨을 때, 즉 제자들이 오순절 이전 시
대에서 오순절 이후 시대로 넘어갔을 때, 그들의 삶과 체험에
어떤 변화들을 맞게 되었는지 살펴보자.

성령님은 제자들을 위해 무엇을 행하셨는가?

성령님이 제자들을 위해 이루신 일곱 가지 일을 찾아내는 것
은 어렵지 않다. 당신은 성경에서 이 일곱 가지를 일일이 확인
할 수 있다. 성경을 연구할 때 우리는 하나님이 강조하시는 것
을 강조하면서 성경이 전하는 분명한 교훈을 붙들어야 한다.

　제자들은 살아 계신 하나님의 임재를 갑자기, 분명히 의식하게 되었다. 오순절 이전에도 그들은 예수님을 알았고 사랑했다. 그러나 오순절에 성령님이 강림하셨을 때 하나님이 그들에게 임하셨다는 것을 갑자기, 분명히 깨닫게 되었다. 그들을 가리고 있던 베일이 찢어졌고, 그들은 하나님을 느꼈다. 성령님이 임하신 순간부터 하나님의 임재를 강력하게 느끼기 시작한 그들은 자기들이 다른 세계와 직접 접촉하고 있다는 것을 깨닫게 되었다. 오늘날 보통의 복음주의적 교회들에는 이런 깨달음이 없을 것이다. 지금 우리는 다른 세계와 접촉하지 못하고 있다. 우리는 이 세계와 이 세계가 주는 것들에 접촉하면서 매우 행복하게 여긴다. 그러나 주님의 제자들은 다른 세계를 느꼈다. 하나님과 천국을 느끼는 것이 우리에게 임해야 한다. 사업가, 공무원, 농부, 교사, 주부, 학생 또는 그 밖의 어떠한 신분이라 하더라도 날마다 하나님과 천국을 느끼며 살아야 한다.

　우리가 하나님의 임재를 계속 느끼면서 살아갈 수 있도록 도울 수 있는 분은 오직 성령님이시다. 오순절 날에 제자들이 성령 충만을 받았을 때, 빽빽한 구름이 물러가고 전에는 보이지도 않고 예상도 못했던 하나님의 도성(都城)이 갑자기 그들의 눈앞에 나타난 것 같았을 것이다.

제자들에게는 성령님이 주시는 기쁨이 임했다. 우리는 사복음서를 읽은 후 사도행전으로 넘어오면 분위기가 갑자기 확 바뀌는 것을 느낄 수 있다. 사복음서에는 교훈과 차분한 평화가 많이 나오지만, 기쁨이 그렇게 많이 나오지는 않는다. 그러나 사도행전으로 넘어오면 마치 단조(短調)에서 장조(長調)로 바뀐 것 같은 느낌을 받는다. 이런 얘기를 하니까 단조로 만들어진 유대의 옛 노래들이 생각난다. 그 노래들은 기쁨이 없이 슬프고 우울한 정조를 띤다. 신음하고 탄식하고 탄원하고 한탄하는 내용이 주조를 이루지만 갈망하는 내적 기쁨에는 이르지 못한다.

이런 얘기를 하니까 바로 하나님의 소중한 백성이 생각난다. 그들은 언제나 기쁨과 빛과 축복을 위해 기도하지만 그것들을 얻지 못한다. 주일에 그들은 스스로 노력하여 기쁨을 얻으려고 애쓰지만, 결국 다시 침체되어 월요일에는 기쁨 없이 하루를 시작한다. 아마도 그들은 수요일 저녁에 스스로 노력하여 다시 조금 기쁨을 맛보려는 듯하지만, 그 기쁨은 오래 못 가는 것 같다. 그들은 방울과 추를 잃어버린 종(鐘)과 같다. 그들의 기쁨의 종은 더 이상 울리지 않는다.

그러나 주님의 제자들에게 성령님이 임하셨을 때 그들의 기쁨과 행복은 성령님의 기쁨과 복과 즐거움이었다. 그들의 행복은 더 이상 아담의 행복이 아니었다. 그것은 육신적 본성의 행복이 아니었다. 지금 인간들은 스스로 기쁨을 만들어내려고 발버둥 친다. 그들은 나이트클럽, 로큰롤 밴드 또는 텔레비전 프로그램을 통해 기쁨을 얻으려고 안간힘을 쓴다. 그러나 참으로 행복한 얼굴들이 아직 우리 눈에 보이지 않는다. 언제나 사람들은 무엇엔가 홀린 듯 보일 뿐이다. 그들은 그들 속의 아담을 자극하여 기쁨을 느껴보려고 애쓰지만, 근본적으로 아담은 행복한 사람이 아니다. 아담은 죽어서 다시 흙으로 돌아가야 할 사람이다. 더욱이 그리스도의 보혈을 믿고 회심하지 않으면 지옥에 갈 수밖에 없는 존재이다.

인류는 근본적으로 행복할 수 없다. 행복과 거리가 먼 존재가 바로 인간이다. 그러나 성령님이 주시는 기쁨은 인위적인 노력으로 만들어낼 수 있는 기쁨이 아니다. 그것은 그리스도의 부활이 있었기 때문에 가능한 기쁨이다. 그리스도께서 무덤에서 나오셨고, 부활한 그리스도의 영이 그 백성에게 돌아오셨다. 우리가 가진 기쁨은 그리스도의 무덤을 되돌아보는 기쁨이다. 이것은 우리가 죽어야 한다는 것을 인식하고 있으면서도 억지로 갖는 기쁨이 아니다. 이것은 우리가 그리스도 안에서 이미 죽었고 부활했기 때문에 우리에게 영원한 죽음이 더 이상 존재하지 않는다는 것을 인식한 데에서 흘러나오는, 무엇과도 비교할 수 없는 기쁨이다.

셋째, 제자들은 능력으로 복음을 전했다.

성령님의 능력이 제자들에게 임했을 때 그들의 말은 사람들의 마음을 파고들어가는 능력을 발휘했다. 주지하듯이, 말이 사람들의 마음을 얼마나 파고들어가 사로잡느냐 하는 것은 누가 그 말을 하느냐에 따라 달라진다. 똑같은 말이라 할지라도 어떤 사람의 입에서 나오면 사람들에게 확신을 심어주지만, 다른 사람의 입에서 나오면 그들을 냉담하게 만들어버린다. 이것은 성령님의 경우도 마찬가지이다. 예수님은 "너희가 권능을 받고"(행 1:8)라고 말씀하셨는데, 여기서 '권능'이라는 말은 '무엇을 행할 수 있는 능력'을 의미한다. 베드로가 오순절 날에 말씀을 선포했을 때 사람들은 마음에 가책을 느꼈다. 즉, 그들의 마음이 찔렸던 것이다.

"저희가 이 말을 듣고 마음에 찔려 베드로와 다른 사도들에게 물어 가로되 형제들아 우리가 어찌할꼬 하거늘"(행 2:37).

나는 헬라어를 자주 인용하는 사람이 아니다. 왜냐하면 헬라어를 인용하여 말하면 괜히 유식한 사람 같다는 인상을 주기 때문이다. 하지만 지금은 부득이 헬라어를 가지고 이야기를 해야 할 것 같다. "그중 한 군병이 창으로 (예수님의) 옆구리를 찌르니 곧 피와 물이 나오더라"(요 19:34)라는 기록에 사용된 '찌르다'라는 헬라어('눗소')는 "저희가 이 말을 듣고 마음에 찔려"(행 2:37)라는 기록에 사용된 '찌르다'라는 헬라어('카타눗소')만큼 강한 단어가 아니다. 바꾸어 말하면, 오순절 날에 베드로가 한 말은 예수님의 몸을 찌른 군병의 창보다 더 깊이 청중의 마음속으로 파고들어간 것이다. 베드로의 경우에 사용된 헬라어가 로마 군병의 창에 대해서 사용된 헬라어보다 더 강하다.

성령님은 사람들의 마음속으로 침투하신다. 이것은 성령님의 사역들 중 하나이다. 그분은 우리를 찾아오셔서 우리 속으로 침투하신다. 그분은 하나님의 사람의 화살 끝을 날카롭게 하신다. D. L. 무디는 "나는 성령 충만을 받은 후에 그전과 동일한 설교를 했지만, 그 결과는 너무 달랐다"라고 고백했다. 이렇게 달라진 것은 물론 사람들의 마음을 관통하는 성령님의 능력 때문이었다. 성령 충만을 받기 전에 무디는 사람들을 논리적으로 설득하고 달래고 그들에게 간청했다. 그러나 그에게 성령님이 임하셨을 때 그분은 사람들의 논리적 사고력(思考力)을 뚫고 들어가 그들 존재의 깊은 곳을 움직이셨다.

넷째, 제자들에게는 권위가 있었다.

사복음서에서 제자들은 질문을 많이 하는 모습으로 제시된다. 하지만 사도행전에서 그리고 오순절 사건 이후에는 그들이 질문에 답하는 모습으로 제시된다. 성령 충만한 사람과 그렇지 못한 사람 사이에서도 이런 차이가 나타난다. 성령 충만하지 못한 설교자는 "자! 이제 우리 자신에게 이런 질문을 던져봅시다" 같은 표현을 많이 사용한다. 아마 당신도 설교자들이 이렇게 말하는 것을 들었을 것이다. 사실 나는 그들이 왜 자신에게 묻는지 궁금하다. 왜 그들은 설교단에 오르기 전에 서재에서 자신의 의문에 대해 결론을 내리지 않는가? 하나님께서는 "우리가 무엇이라고 말해야 합니까?", "우리가 어떻게 생각해야 합니까?" 라는 질문을 던지라고 그들을 설교단에 세우신 것이 아니다. 그분이 그들을 설교단에 세우신 것은 그들로 하여금 권위를 가지고 하나님의 이름으로 말하고 질문에 답하도록 하기 위함이다.

사복음서에서 제자들은 "주여, 그렇게 될 것입니까?", "주여, 어떻게 그런 일이 일어납니까?", "주여, 누구십니까?", "주여, 무엇입니까?" 같은 질문들을 많이 던졌다. 그러나 성령님이 오신 후에 그들은 권위를 갖고 서서 사람들의 질문에 답했다. 오순절 성령 강림 전에 베드로는 남의 눈을 피해 세상의 불 곁에서 그의 손을 따뜻하게 했으며, 그의 말투를 알아챈 비자(婢子)

에게 비굴하게 거짓말을 했다(마 26:69-74). 그런 그가 성령 충만을 받은 후에는 담대하게 서서 하나님의 말씀을 전했다. 전에는 권위가 없던 그에게 이제는 권위가 생겼다.

왕좌에 앉은 왕이 권위로써 통치하듯이 설교자는 설교단에서 권위 있게 말해야 한다.

나는 야박하게 남들을 비판하고 싶은 생각이 없다. 하지만 솔직히 말해서 오늘날 교회의 설교단에 선 설교자들에게는 권위가 부족하다. 왕좌에 앉은 왕이 권위로써 통치하듯이 설교자는 설교단에서 권위 있게 말해야 한다. 설교자는 법, 규정, 당회의 결정 또는 사람의 권위에 의지하여 말해서는 안 된다. 그는 도덕적 우월성에서 나오는 권위로써 말해야 한다.

하나님의 사람이 말씀을 전하기 위해 설 때 그는 하나님의 권위 위에 서야 한다. 그렇게 하지 않으면 청중은 그의 말을 들어야 할 책임이 자기들에게 있다는 것을 깨닫지 못한다. 만일 그들이 그의 말을 듣지 않는다면 그들은 하나님의 말씀을 회피한 것에 대해 하나님께 책임을 져야 한다. 그런데 안타깝게도, 우리에게는 하나님의 권위가 없고 대신 신학교에서 발톱을 곱게 다듬은 얼룩고양이가 있다. 이 얼룩고양이는 회중을 절대 할퀴지 않고 다만 만지작거릴 뿐이다. 발톱을 곱게 다듬은 고양이는 아주 얌전하고 부드럽기만 하다.

내 얘기를 하자면, 나는 길모퉁이에서 복음을 외치는 사람의 설교를 듣고 회심했다. 당시 나는 직업을 가진 젊은이였기 때문에 내가 사는 곳에서 가장 가까운 교회를 다녔다(사실 내게는 다른 방법이 없었다). 그 교회의 목회자와 처음 악수를 했을 때 나는 내가 아기와 악수를 한다고 느꼈다. 그의 손이 너무 부드러웠기 때문에 나는 그가 열여덟 살 이후에는 육체노동을 전혀 하지 않았을 것이라고 생각했다. 어느 주일에 그는 '1,000개의 줄이 달린 하프(harp)'라는 제목으로 하프에 대해 설교했다. 그는 설교를 길게 하지는 않았지만, 말을 아주 예쁘게 했다. 그는 "그러므로 나는 인간의 영혼이 1,000개의 줄이 달린 하프라고 확신합니다"라는 말로 설교를 끝냈다.

나는 집으로 갔으며, 그후 하프 연주를 듣지 않았다. 당시 나는 권위 있는 설교를 듣지 못했다. 물론 나는 하나님의 권위를 믿는다. 만일 어떤 설교자에게 하나님의 권위가 없다면 그는 나중에라도 다시 길모퉁이에서 비누상자 위에 올라가 말씀을 외칠 각오를 하고 일단 사역을 그만두어야 한다. 그리고 하나님께 권위를 받을 때까지 기도하면서 기다려야 한다. 권위를 받은 다음 자선단체 같은 곳에서라도 말씀을 전하라. 예수님의 제자들에게는 말씀의 권위가 있었다. 그들이 일어나 외칠 때 그들에게는 권위가 있었다.

다섯째, 제자들은 구별되었다.

오늘날, 대부분의 복음주의적 교회들은 이 세상을 기독교로 회심시키려고 애쓴다. 그런데 문제는 세상을 세상 그대로 교회 안으로 들여온다는 것이다.

성령 충만한 신자들은 세상과 날카롭게 구별된다. 사실 제자들은 오순절 사건 이후 다른 세상을 보면서 살았다. 그들의 눈에는 다른 세계가 들어왔던 것이다! 오늘날, 대부분의 복음주의적 교회들은 이 세상을 기독교로 회심시키려고 애쓴다. 그런데 문제는 세상을 세상 그대로 교회 안으로 들여온다는 것이다. 다시 말해서 거듭나지 못하고, 깨끗함을 얻지 못하고, 회개하지 않고, 세례 받지 않고, 성화(聖化)되지 못한 세상을 그대로 교회 안으로 가져온다는 말이다. 우리는 이런 세상을 교회의 한복판으로 가져온다. 교회에 대해 호의적으로 말하는 세상의 유명인사가 나타나면 우리는 서둘러 그 사람과 그의 말을 언론에 알린다. 그러나 나는 세상의 유명인사들에 대해 전혀 관심이 없다. 왜냐하면 나는 살아 계신 구주, 즉 만주(萬主)의 주요, 만왕(萬王)의 왕이신 예수 그리스도를 섬기기 때문이다. 나는 오직 모든 사람들이 주님의 제자들처럼 다른 세계를 볼 수 있는 능력을 갖는 데 관심이 있을 뿐이다.

여섯째, 제자들은 기도의 사람들이 되었다.

성령님이 오셨을 때 제자들은 하나님과 교제하며 기도하는 사람들로 변했다. 복음서에 기록된 기도가 드려진 경우를 찾아 보라. 그러면 기도의 때에 깨어 있던 유일한 분은 오직 예수님 이셨다는 것을 알게 될 것이다. 다른 사람들은 기도를 하려고 애썼으나 잘 되지 않아서 주님께 "우리에게도 (기도를) 가르쳐 주옵소서"(눅 11:1)라고 구했다. 주님은 우리가 인간들에게서 기도를 배울 수 없다는 것을 잘 아셨다. 오늘날 일부 교회들은 기도하는 법에 대한 강좌를 개설했다고 광고한다. 얼마나 이상 한 일인가! 이것은 사랑에 빠지는 법에 대해 강의하겠다고 광 고하는 것과 다를 바 없다. 성령님이 오시면 그분은 하나님의 일들을 우리가 이해할 수 있는 언어로 바꾸어주신다. 우리가 하나님의 뜻을 알지 못할지라도 성령님은 그것을 아시기 때문 에 "말할 수 없는 탄식으로 우리를 위하여 친히 간구하신다" (롬 8:26).

성령님이 임하셨을 때 제자들은 기도의 사람들로 변했다. 그 전에 그들은 기도의 때에 잠을 잤지만, 사도행전에서는 그들이 기도회를 갖는 모습을 발견할 수 있다. 이런 변화는 오순절 성 령 강림으로 인하여 가능했다. 그들은 기도를 즐거워하는 사람 들로 변했던 것이다!

일곱째, 제자들은 성경을 사랑하게 되었다.

오순절 사건이 제자들에게 일으킨 변화들 중 마지막으로 살펴볼 것은 성경에 대한 그들 태도의 변화이다. 오순절 사건을 거치면서 그들은 하나님의 말씀을 사랑하는 사람들로 변했다. 복음서들을 보면 예수님이 구약을 인용하신 것이 보이는데, 사도행전으로 넘어오면 제자들이 구약을 인용하는 것을 볼 수 있다. 이처럼 제자들은 변했다.

나는 어떤 하나님의 자녀가 이렇게 말하는 것을 들었다.

"성령 충만을 받았을 때 나는 성경을 너무 사랑하게 되었습니다. 만일 성경책을 씹어 먹음으로써 하나님의 말씀을 내 안에 더 채울 수 있다면 아마 나는 성경책을 다 씹어 먹었을 것입니다. 성경책의 가죽 표지와 그 안에 인쇄된 것들을 씹어 먹어서라도 하나님의 말씀을 내 마음 안에 더욱 많이 채워 넣고 싶을 만큼 나는 말씀을 사랑했습니다."

물론 성경책을 씹어 먹는다고 말씀을 우리 안에 채울 수 있는 것은 아니지만, 그 성도는 그렇게 하고 싶을 정도로 말씀을 사랑했다. 그 성도에게서 볼 수 있듯이, 성령 충만한 사람은 말씀이 꿀 송이처럼 달게 느껴진다. 왜냐하면 성령님이 성경을 기록하셨기 때문이다. 우리가 아담의 영으로써는 성경을 읽을 수 없는데, 성경은 하나님의 영의 감동을 받은 사람들에 의해 기록된 것이기 때문이다. 세상의 영은 성경의 가치를 알지 못한다. 우리로 하여금 성경의 가치를 제대로 깨닫게 해주시는 분은 바로 성령님이시다. 어떤 성경본문에 대한 모든 주석들을 다 읽은 사람보다 한순간에 성령님께 조명을 받은 사람이 그 본문에 대해 더 잘 알 수 있다. 물론 내가 주석들을 배격하는 것은 아니다. 다만 나는 "다른 모든 것들을 갖추었다 할지라도 성령 충만을 받지 못하면 아무것도 깨달을 수 없다"라고 말하고 싶은 것이다. 우리에게 성령님이 임하신다면 하나님께서는 다른 모든 것을 사용하셔서 우리에게 깨달음을 주실 것이다.

오늘날 우리는 떠도는 얘기들에 의지하여 살아가는 경향이 있다. 따라서 사실을 인식하는 감각이 무뎌졌고, 기적을 믿지 않게 되었다. 그러므로 나는 1727년 유럽에서 모라비아 신자들에게 일어난 일들에 대해 말하지 않을 수 없다. 그들은 당신과 나처럼 조용한 사람들이었지만, 하나님을 기다리며 마음을 준비했다. 그러던 어느 날 아침, 살아 계신 구주께서 그들에게 가까이 오셨다는 느낌이 홀연히 그들을 압도했다.

성령님이 인간의 영혼에 충만히 임하실 때 그분은 자신에 대해 말씀하시지 않고 오직 예수 그리스도에 대해서만 말씀하신다. 성령님이 임하시는 것은 예수님을 나타내기 위함이다. 1727년 모라비아 신자들에게 임하신 분은 성령님이셨지만, 그들은 "사랑의 성령님이 가까이 오신 것을 느꼈다"라고 말하지 않고 "사랑의 구주께서 가까이 오셨다는 느낌이 갑자기 찾아왔다"라고 말했다.

진젠도르프 백작(Count Zinzendorf, 1700~1760. 독일의 대표적 경건주의 운동가로서 모라비아 교파의 중흥자)은 당시의 일에 대해 이렇게 기록했다.

"일흔다섯 명의 독일 기독교인들은 일어나 건물 밖으로 나갔다. 그들은 너무나 기뻤기 때문에 자기들이 이 땅에 있는지 천국에 있는지 분간하기 힘들 정도였다. 성령님의 강력한 능력으로 충만해진 그들이 그후 20년 동안 이룬 일은 전 세계의 교회가 200년 동안 이룬 일보다 더 컸다."

선교사가 된 그들은 오직 기도로써 사역을 감당했다.

당신은 모라비아 신자들이 얼마나 큰일을 했는지 아는가? 그들은 회심자를 얻었는데, 그 회심자들은 바로 찰스 웨슬리와 그의 형 존 웨슬리였다. 존 웨슬리가 배를 타고 대서양을 건널 때의 일이다. 거대한 폭풍이 몰려와 선원들조차 두려움에 떨고 있는데, 오직 모라비아 신자들의 작은 그룹만 두려워하지 않는 것이 존의 눈에 들어왔다. 그들은 함께 모여 밝은 얼굴로 찬송가를 부르고 있었다. 그가 그들에게 "어찌하여 당신들은 기도하지 않습니까? 어찌하여 당신들은 그토록 행복합니까?"라고 물었을 때, 그들은 "우리 모두가 물에 빠져 죽는 것이 주님의 뜻이라면, 갑작스러운 죽음은 갑작스러운 영광을 가져다줄 것입니다"라고 대답했다.

"우리 모두가 물에 빠져 죽는 것이 주님의 뜻이라면, 갑작스러운 죽음은 갑작스러운 영광을 가져다줄 것입니다."

점잖은 영국 국교도인 존은 그들의 말을 어떻게 받아들여야 할지 몰랐지만 그들의 대답은 그의 영혼 깊은 곳으로 파고들었다. 그는 동생 찰스에게 모라비아 신자들에 대해 이야기를 해주려고 갔지만, 찰스는 이미 회심한 상태였다.

그리하여 존은 다시 모라비아 신자인 피터 보울러(Peter Bowler)에게 가서 "피터! 나의 형제 피터여! 당신에게 있는 것이 내게는 없습니다. 내 동생 찰스에게 있는 것이 내게는 없습니다. 이제 내가 어떻게 해야 합니까?"라고 물었다.

"형제여, 은혜 때문에 가능합니다. 오직 은혜로만 가능합니다."

"내게는 은혜가 없습니다. 내가 어떻게 해야 합니까? 내가 설교를 중단해야 합니까?"

"은혜를 전하십시오. 왜냐하면 성경이 은혜를 가르치기 때문입니다. 그런 다음 당신에게 은혜가 생기면, 그것을 전하십시오. 왜냐하면 당신에게 은혜가 있기 때문입니다."

즉시 존은 그의 마음이 이상하게 뜨거워지는 것을 느꼈다.

그후 그의 감리교는 전 세계로 퍼져나갔다.

모라비아 신자들에게 성령이 부어졌을 때 과격한 현상은 일어나지 않았다. 방언도 없었다. 천막의 버팀목을 기어오르거나 밀짚 위에서 기는 것 같은 이상한 행동을 하는 사람도 없었다. 그들은 예의 바른 독일 사람들이었다. 성령님은 그분이 마땅히 계셔야 할 곳으로 오셨다. 즉, 그들의 안으로 오셨다. 성령님이 임하셨을 때 그들은 예수님의 실재(實在)를 분명히 느꼈다. 그들은 너무 기뻤기 때문에 자기들이 이 세상에 있는지 천국에 있는지 분간이 되지 않을 정도였다.

초대교회의 성도들이 기이히 여기는 감정을 느꼈다는 기록이 신약성경에 나온다. 그러나 오늘날의 그리스도인들은 이런 감정을 느끼지 못한다. 우리는 모든 것을 설명해버리면 다 된 것으로 착각한다. 그러나 사도행전에서 넘쳐나는 기쁨과 놀라움의 감정은 신약의 서신서들을 통해 계속 이어진다. 초대교회의 신자들은 살아 계신 하나님의 놀라운 은혜 속에서 즐거워했다. 하나님께서는 그들이 기이히 여길 정도가 될 때까지 그들에게 복을 부어주셨다.

오마하(Omaha, 미국 네브래스카 주 동부 미주리 강변에 있는 도시)에 사는 R. R. 브라운 박사는 언젠가 내게 "하나님께서 저에게 너무 큰 복을 주시기 때문에 저는 때때로 두려울 정도입니다"

라고 말했다. 그가 '놀랍다' 라는 표현을 쓰지 않고 '두렵다' 라는 표현을 쓴 것에 주목하라. 사실 나는 그의 표현에 동감한다. 어떤 의미에서 볼 때, 성령님이 우리에게 임하시면 두려울 정도로 기이하다. 우리에게는 이런 체험이 필요하다. 하나님께 이런 체험을 구하자! 성령님이 임하시면, 이런 아름다운 체험이 우리에게 주어질 것이다.

A.W. TOZER

THE COUNSELOR

3부

보혜사 성령님의
놀라운 은사를 받아 누리는가?

성령님께서 은사들과 그 은사들을 받은 지체들을 통하여 일하실 때 교회의 일이 이루어진다.
우리가 은사들을 인정하지 않거나 그것들을 거부하거나 또는 어떤 이유로든 우리에게 그 은사들이 없을 때,
교회는 비성경적 방법들을 통하여 교회의 일을 이루려고 애쓸 것이다.
이런 현상은 오늘날 많이 발견된다.

세상의 재능이 아니라
성령님의 은사로 사역하라

성령의 은사들이 없을 때 우리는 사람들의 재능에 의존한다.
그러나 분명히 말하지만, 성령님은 인간의 재능, 즉 달란트를 가지고 일하시지 않는다.

그리스도의 몸

"형제들아 신령한 것에 대하여는 내가 너희의 알지 못하기를 원치 아니하노니"(고전 12:1).

"우리 각 사람에게 그리스도의 선물의 분량대로 은혜를 주셨나니"(엡 4:7).

"내게 주신 은혜로 말미암아 너희 중 각 사람에게 말하노니 마땅히 생각할 그 이상의 생각을 품지 말고 오직 하나님께서 각 사람에게 나눠주신 믿음의 분량대로 지혜롭게 생각하라 우리가 한 몸에 많은 지체를 가졌으나 모든 지체가 같은 직분을 가진 것이 아니니 이와 같이 우리 많은 사람이 그리스도 안에서 한 몸이 되어 서로 지체가 되었느니라 우리에게 주신 은혜 대로 받은 은사가 각각 다르니 혹 예언이면 믿음의 분수대로, 혹 섬기는 일이면 섬기는 일로, 혹 가르치는 자면 가르치는 일로, 혹 권위하는 자면 권위하는 일로, 구제하는 자는 성실함으로, 다스리는 자는 부지런함으로, 긍휼을 베푸는 자는 즐거움으로 할 것이니라"(롬 12:3-8).

하나님이 만드신 이 세상 최고의 걸작품은 인간의 몸이라고 말할 수 있다. 그렇기 때문에 성령님의 감동을 받은 다윗은 "내가 주께 감사하옴은 나를 지으심이 신묘막측하심이라"(시 139:14)라고 말했다. 시각, 청각, 후각, 촉각 그리고 미각이 모두 절묘한 조화를 이루며 작동한다. 하나님의 무한하신 지혜와 능력이 없었다면 이런 놀라운 인간의 몸이 만들어질 수 없었을 것이다.

사도 바울은 그의 세 서신에서 몸의 지체(肢體)를 비유로 들어 그리스도의 몸(교회) 안에서의 영적 관계를 설명했다. 즉, 그는 로마서, 고린도전서 그리고 에베소서에서 몸과 지체의 관계를 비유로 사용했다.

비유를 통해 설명하는 데 탁월한 능력을 가졌던 사도 바울은 로마서 12장에서 우리의 이해를 돕기 위하여 분석적 설명을 시도했다. 다시 말해서 그는 교회는 몸이고 그리스도는 머리이며 그리스도인은 몸의 지체라고 설명했다.

성령님과 교회의 관계는 우리의 영과 우리의 몸의 관계에 비유될 수 있다. 이 관계는 생명의 관계요, 연합의 관계요, 의식(意識)의 관계이다. 하나의 지체가 개(個) 교회의 축소판이듯이, 하나의 개 교회는 전체 교회의 축소판이라고 바울은 주장한다.

그리스도의 몸, 즉 교회는 찢어지거나 분리되지 않으며, 각각의 개 교회는 온몸의 모든 기능을 다 가지고 있다고 바울은 강조한다. 미국의 경우를 예로 들어보자. 미국에서 각각의 주(州)는 미합중국(美合衆國)의 필수적 한 부분이다. 이와 마찬가지로 각각의 개 교회는 그리스도의 전체 교회의 살아 있는 유기적(有機的) 부분이다. 우리는 하늘나라와 온 세상에 있는 그리스도의 온몸의 지체들이며, 또한 성령님과 말씀을 통하여 우리를 거듭나게 하사 자신의 자녀로 삼으신 하나님의 자녀들이다. 그러므로 그리스도의 교회는 분리되지 않는다.

우리가 '우리는 나뉘지 않은 한 몸입니다'라는 옛 찬송가를 부를 때 어떤 사람들은 "그렇다면 600개나 되는 기독교 교파는 무엇이냐?"라고 냉소적으로 묻는다. 그러나 그들이 냉소적 질문을 던진다 하더라도 나는 절대 좌절하지 않는다. '우리는 나뉘지 않은 한 몸입니다'라는 찬송가에 담긴 진리는 내 몸이 나뉘지 않은 것이 사실이듯이 완전히 사실이다. 그리스도의 몸은 하나의 몸이다. '우리는 나뉘지 않은 한 몸입니다'라고 우리가 찬송할 때 조롱하는 사람들이 있다 할지라도 우리는 계속 이 찬송가를 부를 것이다. 왜냐하면 그것은 진리이기 때문이다.

우리는 나뉘지 않은 하나의 온전한 교회이다. 거듭나서 하나님의 가족의 일원이 된 사람은 누구나 살아 있는 유기체의 한 지체이다. 사탄조차 이 사실을 바꿀 수 없다.

각각의 사람의 몸이 인간의 기능과 기관과 지체를 모두 가지고 있듯이, 각각의 개 교회는 전체 교회의 모든 기능을 갖고 있다. 지체는 각각의 기능을 감당하기 위하여 만들어졌다. 눈은 보기 위하여, 귀는 듣기 위하여, 손은 일하기 위하여, 발은 이동하기 위하여, 위는 음식물을 소화시키기 위하여 만들어졌다.

우리는 서로 협력하기 위하여 지음을 받았다. 언젠가 나는 하퍼스 잡지(Harper's Magazine)에서 아주 훌륭한 기사를 읽었다. 그 기사는 노화의 원인을 설명하고 있었다. 몸의 기관이 힘을 상실하여 노화가 찾아오는 것이 아니라 몸의 기관이 서로 협력하지 않고 각각 따로 놀기 때문에 노화가 찾아온다는 것이다. 그러므로 사람이 늙어서 죽는 것은 몸의 기관이 상호 협력에 실패하기 때문이다. 그것들은 서로 독립하여 (비유적으로 말해서) 각자 자기의 장막(帳幕)을 짓는 것이다.

노화의 원인에 대한 이 기사의 설명은 우리에게 시사하는 바가 크다. 우리가 공동체 의식을 가지고 교제하며 협동할 때, 전체는 개인을 위하고 개인은 전체를 위할 때, 모든 지체가 머리의 지시를 받을 때, 교회는 온전한 그리스도의 몸이 된다. 개 교회와 개 교회의 구성원들은 이 교훈을 가슴 깊이 새기며 실천해야 한다.

성령의 은사들

하나님은 자신의 전체 교회를 통해서 이루실 수 있는 것이라면 그 무엇이라도 개(個) 교회를 통해 이루실 수 있다. 하나님은 개 교회가 하나님의 일을 감당할 수 있도록 여러 종류의 능력들을 주시는데, 이 능력들이 '은사들' (gifts)이라고 불린다. 은사들에 대한 사도 바울의 설명을 들어보자.

"우리에게 주신 은혜대로 받은 은사가 각각 다르니"(롬 12:6상).

"형제들아 신령한 것에 대하여는 내가 너희의 알지 못하기를 원치 아니하노니"(고전 12:1).

"너희는 더욱 큰 은사를 사모하라"(고전 12:31상).

"그가 위로 올라가실 때에 … 사람들에게 선물을 주셨다"(엡 4:8).

하나님께서 개 교회에게 허락하신 은사들은 하나님의 일을 감당케 하려고 주신 것이다. 비유를 들어보자. 당신의 위(胃)는 하나님이 주신 선물인데, 그것은 바지가 흘러내리지 않도록 벨트를 매기 위해 주어진 것이 아니다. 위에 주어진 고유한 기능과 목적이 있기 마련이다. 당신의 간은 무엇을 위한 것인가? 당신의 눈은 무엇을 위한 것인가? 그것들은 나름대로 특별한 목적과 기능을 갖고 있다. 다시 말해서, 그것들은 어떤 기능을 수행하기 위하여 주어진 것이다. 그것들이 자기의 기능을 잘 감당하고 다른 것들이 그들에게 협력한다면, 당신은 건강하고 유용한 사람이 될 것이다.

이런 비유는 교회에 주어진 은사들에도 똑같이 적용된다. 하나님께 영감을 받은 사람들이 기록한 성경에서 발견되는 바울의 세심한 교훈에 따르면, 이런 은사들은 나름대로의 기능을 수행하기 위하여 주어진 것이다. 다시 말해서 그것들이 교회에 주어진 데에는 나름대로의 목적이 있다.

또한 바울은 운동경기를 예로 들었다. 그러므로 내가 운동경기를 예로 든다고 해서 내가 신령하지 않은 사람이라고 말하지 말라. 나는 사도 바울보다 더 신령해지려는 야심을 가진 사람이 아니다. 당신도 잘 알겠지만, 야구경기에는 아홉 명의 선수가 참여한다. 볼을 잡는 선수가 있고, 볼을 던지는 선수가 있고, 중견수가 있고, 1루수가 있고 또한 2루수가 있다. 각각의 선수에게는 나름대로의 기능이 있으며, 그들은 각자 자기가 할 일을 알고 있다. 그들 각자가 자기의 할 일을 능숙하게 처리할 때 그 팀은 강한 팀이 된다. 만일 팀의 스타 선수가 자기 팀이 이기고 지는 것에 관심이 없기 때문에 다른 선수들과 협력하지 않는다면, 그 스타 선수는 빛을 발하겠지만 그 팀은 성공하기 힘들 것이다.

바울은 교회, 즉 그리스도의 몸 안에도 은사들이 있다고 말한다. 고린도전서 12장 8-10절에 아홉 가지 은사가 언급되는 것을 보고 어떤 이들은 오직 아홉 가지 은사밖에 없다고 주장한다. 그러나 나는 성경에서 적어도 열여덟 가지 은사를 찾아냈다. 열여덟 가지 은사들 중에서 겹치는 것들을 뺀다면 적어도 열다섯 가지 은사가 나온다. 이제 성경을 주의 깊게 읽어보자. 그러면 바울이 언급하는 은사들을 발견하게 될 것이다.

우선 사도의 은사가 있다. 이것은 특사(特使, ambassador)의 은사 또는 전언자(傳言者, messenger)의 은사라고 부를 수도 있다. 또한 선지자의 은사가 있다. 그리고 교사의 은사가 있다. 그 다음에 권고자(勸告者)의 은사가 있다. 또한 다스리는 자의 은사가 있다. 장로교의 '다스리는 장로' (치리장로)가 이에 해당할 것이다. 그 다음에 지혜의 은사, 지식의 은사, 믿음의 은사, 병 고치는 은사가 있다. 또한 기적을 행하는 은사, 방언을 말하는 은사, 통역하는 은사, 영을 분별하는 은사, 도움을 주는 은사, 긍휼을 베푸는 은사, 행정(行政)의 은사, 물질을 베푸는 은사 그리고 복음전도자의 은사가 있다.

당신은 이런 은사들 중에서 당신의 은사를 찾을 수 있을 것이다. 성령님은 그리스도의 몸(교회)에게 주어진 이런 은사들을 통하여 일하신다. 당신의 몸에 지체들이 있는 한, 당신 안의 생명은 그 각각의 지체들을 통하여 자신을 표현할 것이다. 당신의 손이 머리에게 복종하는 한, 당신에게는 아무 문제가 생기지 않는다. 당신의 발이 머리로부터 명령을 받는 한, 당신이 길을 건널 때 교통사고를 당하지 않을 것이다. 당신 몸의 지체들이 머리로부터 명령을 받아 자기의 일을 성실히 수행하는 한, 당신에게는 아무 문제가 생기지 않는다.

그리스도의 교회가 주님을 교회의 머리로 인정하고 그리스도인들을 몸의 지체로 인정한다면, 그리고 그들이 사명을 감당할 수 있는 능력(은사)을 받는다면, 교회는 부흥하는 복된 교회가 될 것이다.

성령님께서 은사들과 그 은사들을 받 은 지체들을 통하여 일하실 때 교회의 일이 이루어진다. 우리가 은사들을 인 정하지 않거나 그것들을 거부하거나 또

그리스도의 몸 된 지체들에게 성 령의 은사들이 필요하다는 것을 우리가 인정하지 않는다면 우리 는 인본주의적 방법에 의존하게 된다.

는 어떤 이유로든 우리에게 그 은사들이 없을 때, 교회는 비성 경적 방법들을 통하여 교회의 일을 이루려고 애쓸 것이다.

성령님의 은사들을 의지하지 않는 교회들에서 나타나는 몇 가지 잘못된 현상들을 살펴보자. 우선 그런 교회들에서는 인본 주의(人本主義)가 나타난다. 만일 당신에게 손이 없다면 당신 은 손 없이 어떤 일을 이루려고 최선을 다할 것이다. 당신에게 눈이 없다면 당신은 눈 없이 어떤 일을 수행하려고 최선을 다 할 것이다. 만일 당신에게 발이 없다면 당신은 기어서라도 당 신의 일을 이루려고 애쓸 것이다. 그리스도의 몸 된 지체들에 게 성령의 은사들이 필요하다는 것을 우리가 인정하지 않는다 면 우리는 인본주의적 방법에 의존하게 된다. 사실 이런 현상 은 오늘날 많이 발견된다.

예를 들어, 성령의 은사들이 없을 때 우리는 사람들의 재능 (달란트)에 의존한다. 그러나 분명히 말하지만, 성령님은 인간 의 재능, 즉 달란트(talent)를 가지고 일하시지 않는다. 내가 '달

란트'라고 말하니까 혹시 예수님의 달란트 비유가 생각날지도 모르겠다. 그러나 오해하지 말라. 그분의 비유에서 '달란트'는 단지 주인이 종들에게 맡긴 돈을 의미할 뿐이다(마 25:14-30 참조). 그것은 노래를 부르거나 남을 흉내 내거나 감정을 표현하는 능력과는 아무 관계가 없었다. 다시 말해서 그것은 연극계(演劇界) 사람들이 그들의 재능을 사용하여 행하는 것들과는 아무 관계가 없었다.

오늘날 발견되는 비성경적 방법들 중 하나는 심리학에 의존하는 것이다. 교인들을 다루는 법을 배우기 위하여 심리학을 열심히 연구하는 목회자들이 내 주변에도 있다. 이런 사람들을 볼 때 나는 좀 우습기도 하고 역겹기도 하다. 당신에게 성경, 지성(知性), 성령님 그리고 입(口)이 있다면 왜 군이 심리학을 연구하는가? 사실 나도 젊은 시절에 심리학에서 무엇을 얻겠다고 열심히 심리학을 연구한 적이 있었다. 나는 존 B. 왓슨(John B. Watson, 1878~1958. 미국의 심리학자), 윌리엄 제임스(William James, 1842~1910. 미국의 철학자 및 심리학자) 그리고 특히 정신의학과 정신분석학의 아버지라는 프로이트(Sigmun Freud, 1856~1939. 정신분석학의 창시자)를 연구했다. 나는 심리학 용어들과 이론들을 공부했다. 다시 말하지만 내가 심리학을 모르는 것은 아니다. 그러나 당신에게 성령님이 계시다면 설교 때에 심리학을 이용할 필요가 없다. 당신에게 성령의 은사가 있다면 프로이트를 연구할 필요가 없다. 프로이트를 연구하는 것 자체가 문제가 되지는 않지만 설교에서 그의 이론을 들먹이거나 써먹지 말라.

성령의 은사가 없을 때 나타나는 또 하나의 비성경적 방법은 사업적 방법을 사용하는 것이다. 대기업 경영자들의 방법을 좇아 하나님의 일을 이루려는 형제들을 볼 때 나는 상처를 받는다. 매디슨가(Madison Avenue, 미국에서 광고회사와 방송사 등이 집중되어 있는 뉴욕의 시가 구역으로서 미국 광고계의 대명사로 통한다)나 월가(Wall Street, 미국의 주요 금융기관들이 위치한 뉴욕 시의 거리)에서 사용되는 방법들을 받아들이는 것은 그리스도의 몸에 인공 팔다리를 붙이는 것과 같다. 그러나 분명히 말하지만 인공 팔다리로는 제대로 일할 수 없다.

성령의 은사들이 없을 때 우리가 의지하기 쉬운 또 다른 비성경적인 방법은 정치적 테크닉이다. 이것은 세일즈맨처럼 상대방을 설득하는 방법이다. 이런 방법에 의존하는 사람들은 성령님이 교회 안에서 어떤 일을 하시는지에 대해 깊이 공부할 필요가 있다. 그렇게 해야만 그리스도의 몸이 정상적으로 작동할 수 있다. 사람의 몸에서 생명이 빠져나가면 그는 '시체'라고 불린다. 바꾸어 말하면 그는 유골(遺骨)이 되는 것이다. 반짝이는 눈과 힘찬 목소리를 가진 건강하고 아름다운 사람이 죽어서 장례식 때 우리 앞에 유골로서 나타나는 것은 참으로 슬픈 일이다. 왜냐하면 장례식 때 보이는 것은 그의 가장 적은 부분이기 때문이다. 살아 있는 사람은 가버리고 몸만 남았는데, 그 몸도 전체가 아니라 오

성령님이 교회에 계시지 않을 때 교회는 사업적 수완, 정치적 테크닉, 심리학 또는 기타 인간의 방법과 노력에 의지하게 된다.

직 유골뿐이다.

성령님이 없으면 생명도 없다

어떤 교회는 말 그대로 죽어 있다. 그들에게서 성령님이 떠나셨으며, 그들에게 남은 것은 유골뿐이다. 그들에게는 교회의 가능성만 있고 교회는 없다. 이것은 죽은 사람에게 산 사람의 가능성은 있지만 산 사람은 없는 것과 마찬가지이다. 죽은 사람은 말할 수 없고 맛볼 수 없고 만질 수 없고 느낄 수 없고 냄새 맡을 수 없고 볼 수 없고 들을 수 없다. 왜냐하면 그는 죽었기 때문이다. 죽은 사람은 영혼이 떠난 사람이다. 성령님이 교회에 계시지 않을 때 교회는 사업적 수완, 정치적 테크닉, 심리학 또는 기타 인간의 방법과 노력에 의지하게 된다. 그러므로 교회 안에 성령님이 계셔야 할 필요성은 아무리 강조해도 지나치지 않다.

성령님이 없으면 영원과 관련된 일은 하나도 이루어질 수 없

다. 내가 이렇게 말하니까 혹자는 "당신의 말이 사실이라면 우리는 방언 운동에 매진해야 할 것이다. 왜냐하면 방언을 하는 것이 성령 충만을 받았다는 증거이기 때문이다"라고 말할지도 모른다. 나는 이런 식으로 말하는 사람들을 많이 보았으며, 그들에게 오랜 세월 말씀을 전했다. 나는 그들을 깊이 연구했기 때문에 그들을 잘 알고 있으며, 그들을 매우 동정한다. 그런 사람들이 속한 교회들 중에는 아주 경건하고 아름답고 건전한 교회도 있다. 나는 어떤 사람에게도 상처를 주고 싶지 않다. 그러나 그리스도인으로서 우리는 진리를 기뻐하며 진리에 대하여 하나님께 감사해야 한다. 그 진리가 경우에 따라 사람들에게 상처를 줄지라도 말이다.

방언운동은 다른 모든 은사들보다 방언의 은사를 너무 강조하는데, 사실 바울에 의하면 방언의 은사는 가장 작은 은사이다. 방언운동의 추종자들 중에는 방언의 은사를 비성경적 방법으로 사용하는 사람들도 있는데, 그들에게서는 성경말씀보다 개인의 감정을 앞세우는 경향도 때때로 나타난다. 이것은 결코 옳지 않다.

형제여! 하나님께서는 우리에게 성경을 주셨다. 그러므로 오직 성경이 기준이 되어야 한다. 누군가 내게 달려와 온몸을 떨며 어떤 주장을 역설한다 할지라도 그것이 성경에 나오지 않는 주장이라면 나는 결코 받아들일 수 없다. 나는 성경만을 믿을 뿐이다. 그러므로 나를 설득시키려거든 성경말씀으로 설득시켜라.

오늘날 기독교 일각에서는 "사도들이 세상을 떠났을 때 성령의 은사들도 사라졌다"라고 주장하는 사람들도 있다. 다시 말해서 사도들이 죽은 후에는 더 이상 성령의 은사가 나타나지 않는다고 그들은 주장한다.

이런 사람들과 일부 방언운동 추종자들은 서로 극과 극의 주장을 하는 것이다. 후자의 사람들은 방언의 은사가 나타나지 않으면 성령 충만을 받은 것이 아니라고 주장한다. 반면, 전자의 사람들은 오늘날 교회에는 아무 은사도 나타날 수 없다고 주장한다.

믿음의 선진들의 사례(事例)

이렇게 우리를 혼란스럽게 하는 주장들이 난무하는 시대에 우리는 어떻게 방향을 잡아야 하는가? 나는 당신에게 하나님을 섬기는 귀한 모범을 보인 사람들과 그들의 업적에 대해 이야기해주고 싶다. 나의 이야기를 들으면 방금 언급한 두 가지 극단적 견해들이 얼마나 잘못된 것인지를 분별할 수 있을 것이다.

히포(Hippo)의 감독 어거스틴(Augustine, 354~430. 기독교 초기의

교부로서 위대한 신학자 및 철학자)은 하나님과 동행한 경건한 사람으로서 위대한 「참회록」을 썼다. 그의 「참회록」은 지난 50년 동안 근본주의 작가들이 쓴 책들보다 하나님을 우리에게 더 많이 보여준다. 내가 섬에서 혼자 사는 동안 이런 책들과 그의 「참회록」 중에서 양자택일해야 한다면 나는 그런 책들을 다 포기하고 어거스틴의 「참회록」을 읽을 것이다. 왜냐하면 그의 책에는 하나님이 계시기 때문이다. 어거스틴은 탁월한 변사(辯士)이며 헬라의 수사학(修辭學)을 열심히 공부한 사람이었다. 그러나 성령 충만했을 때 그는 "나는 헬라의 수사학이 싫어졌는데, 그 때문에 고민에 빠졌다. 나중에 나는 그 이유를 알게 되었다. 헬라의 수사학에는 그리스도가 계시지 않기 때문이다"라고 말했다. 그는 역사상 가장 탁월한 여섯 명의 지성인들 중 하나였으나 그리스도를 따르기 위하여 자신의 지성을 포기했다.

클루니의 버나드(Bernard of Cluny, 12세기의 찬송시 작가)를 생각해보자. 그는 거룩한 사람이었으며 '예루살렘 금성아'(찬송가 538장)라는 찬송가를 지었다. 이 찬송가는 "예루살렘 금성아 복 가득하도다"라는 가사로 시작된다. 그는 하나님과 동행한 사람이었다. 그의 쌍둥이 형제 클레르보의 버나드(Bernard of Clairvaux, 1090~1153. 수도원 개혁자, 신비가 및 신학자)도 아름다운 찬송가를 지었는데, 그중의 대표적인 것이 "구주를 생각만 해도 내 맘이 좋거든"(찬송가 85장)이라고 시작되는 찬송가이다.

우리가 또 살펴볼 사람은 14세기에 살았던 리처드 롤(Richard Rolle, 1295~1349. 영국 사람으로서 영어와 라틴어로 된 열두 권의 성경주석 및 성경 번역서를 남겼다)이다. 그는 수사(修士)였으나 은혜가 너무 충만하여 수도원에 머물 수 없었다. 그리하여 기타를 들고 영국의 전 지역을 돌아다니며 복음을 전했다. 그는 복음을 가리켜 "뜨거움, 향기 그리고 노래"라고 불렀다. 그렇다! 복음은 뜨거웠고 향기로웠고 듣기에 아름다운 음악이었다.

로렌스 형제(Brother Lawrence, 대략 1605~1691. 본명이 '로렌의 니콜라스 헤르만'인 그는 파리의 갈멜회에 평수사로 가입하여 식당 일을 하였으며, '하나님과 동행하는 사람'이라는 평판을 들었다)는 하나님의 임재를 훈련한 사람이었다. 그는 하나님을 사랑하는 동기(動機)에서 비롯된 것이 아니라면 땅에서 지푸라기 하나라도 줍지 않았다. 그의 임종 때에 사람들이 "로렌스 형제여! 당신은 무엇을 하고 있습니까?"라고 물었다. 그때 그는 "나는 내가 영원히 행하려고 계획한 일을 하고 있습니다. 그것은 하나님을 예배하는 것입니다. 내가 죽는다 해도 나의 일을 바꾸지 않을 것입니다. 나는 이 땅에서 40년 동안 하나님을 예배했습니다. 천국에 가더라도 나는 지금 하고 있는 일을 계속할 것입니다"라고 말했다.

토마스 아 켐피스(Thomas à Kempis, 1380~1471. 독일의 신비가 및 영성생활의 지도자로서 큰 명성을 얻었다)는 기독교의 고전이 되는 「그리스도를 본받아」라는 책을 썼다. 사람들이 '마르틴 루터 박사'라고 불렀던 종교개혁가 루터는 "나는 교황을 공격하고 마귀를 화나게 하는 일에 헌신할 것이다"라고 말했다. 그는 자신을 대적하는 사람들 앞에 서서 "지붕의 모든 기와가 마귀라 할지라도 나는 여기에 선다. 하나님! 저에게는 다른 선택이 없습니다. 저를 도와주소서"라고 외쳤다. 루터는 하나님의 말씀을 교회에 되돌려주었으며, 교황을 그에게 본래 합당한 자리로 되돌려 보냈다.

진젠도르프는 독일의 부유한 귀족이었다. 그는 십자가에 못 박히신 그리스도의 그림을 보고 울면서 "주님이 나를 위해 죽으셨다면 나를 주님께 드려야 한다"라고 외쳤다. 그의 헌신과 비전(vision)에서 비롯된 줄기찬 노력은 현대의 모든 위대한 선교운동의 모태가 되었다.

게르하르트 테르스테에겐(Gerhard Tersteegen, 1697~1769. 독일의 신앙 작가)은 비단 짜는 일을 했던 독일 사람이었다. 하나님을 깊이 체험했을 때, 그는 자신의 피로써 하나님과의 언약에 서명을 했다. 그의 오두막은 독일의 전 지역을 위한 영적 능력의 중심지가 되었다.

존 뉴턴(John Newton, 1725~1807. 찬송시 작가로서 '나 같은 죄인 살리신'을 지었다)은 '귀하신 주의 이름은' (찬송가 81장)이라는 찬송가를 지었다. 그는 아프리카에서 노예상인으로 생활했지만 회심하여 그의 시대에서 뛰어난 성도가 되었다.

또한 나는 찰스 웨슬리(Charles Wesley, 1707~1788. 영국의 유명한 찬송시 작가로서 존 웨슬리의 동생)의 귀한 작품을 언급하지 않을 수 없다. 그는 '비바람이 칠 때와'(찬송가 441장), '하나님의 크신 사랑', '내가 정말 구주의 보혈에 참여할 수 있습니까?'를 비롯하여 수많은 찬송가들을 지었다. 그의 형 존 웨슬리는 사람들에게 핍박을 받아 수없이 계란을 맞았으므로 '계란 받는 사람'이라고 불렸다. 그러나 그는 굽히지 않고 계속 복음을 전했으며, 그 결과 영국의 도덕적 분위기가 바뀌었다. 역사가들은 "존 웨슬리는 영국을 혁명에서 구했다"라고 평가했다.

윌리엄 부스(William Booth, 1829~1912. 구세군 창설자)는 구세군 운동을 시작했다. 미국의 위대한 설교자 조나단 에드워즈는 큰 부흥을 일으켰는데, 그것이 바로 '대각성 운동'이다. 프레더릭 W. 페이버(Frederick. W. Faber, 1814~1863. 영국의 찬송시 작가)는 "오, 사랑의 주님, 예수님이시여! 제가 주님의 거룩한 이름을 하루에 천 번 부른다 해도 저를 용납하소서. 저의 외침은 사랑에서 나온 것입니다"라고 노래했으며, 성공회 신자 레지널드

허버(Reginald Herber)는 '거룩 거룩 거룩'(찬송가 9장)이라는 찬송가를 지었다.

미국에 찰스 피니(Charles Finney, 1792~1875)라는 전도자가 있었다. 본래 변호사였던 그는 회심하여 성령 충만을 받았다. 자기의 성령 충만 체험에 대해 그는 이렇게 말했다.

"성령님이 임하셨을 때 그분이 나의 영혼과 육체를 모두 채우시는 것 같았다. 나는 마치 온몸이 전기에 감전된 것 같았다. 또한 하나님의 사랑의 맑은 물결이 내게 끊임없이 몰려드는 것 같았다. … 또한 그것은 하나님의 숨결 같았다. … 또한 그것은 거대한 날개가 내려와 날개를 쳐서 내게 바람을 보내는 것 같았다."

데이비드 리빙스턴(David Livingstone, 1813~1873. 아프리카에서 활동한 선교사 겸 탐험가)은 복음으로 아프리카의 문을 열었으며, 찰스 H. 스펄전(Charles H. Spurgeon, 1834~1892. 영국의 위대한 설교자로서 '설교의 황제'라고 불린다)은 평생 주일마다 런던에서 6,000명의 청중에게 설교했다. 그의 기도는 놀라운 치유 능력을 발휘했기 때문에 "스펄전의 기도는 런던의 모든 의사들을 합한 것보다 더 많은 병자를 고쳤다"라는 말이 나돌 정도였다.

조지 뮐러(George Müller, 1805~1898. 자선사업가 및 '그리스도인 형제단' 운동의 지도자)는 영국으로 가서 브리스틀에 고아원을 세웠다. 그는 오직 기도로써 수백만 달러를 하나님께 받았다. 그리고 수천 명의 사람들 위에 하나님의 은혜가 임하도록 기도했으며 수천 명의 고아를 양육했다. 하나님은 언제나 그가 구하는 것을 허락하셨다. 프랜시스 해버갈(Frances Havergal, 1836~1879. 영국의 찬송시 작가로서 많은 찬송가를 지었다)에 대해서는 이런 이야기가 전해진다.

"그녀가 방으로 들어오면 두 존재가 방으로 들어온 것처럼 느껴졌다. 여기서 두 존재란 그녀와 성령님을 가리킨다."

이반 로버츠(Evan Roberts, 1878~1951. 웨일스의 부흥운동가)는 "오, 하나님! 저를 굴복시키소서! 저를 굴복시키소서"라고 기도했으며, 그의 기도대로 하나님은 그를 굴복시키고 웨일스에 큰 부흥을 허락하셨다. 기독교를 박해하는 자들이 중국의 그리스도인 셍 박사(Dr. Seng)를 자루에 넣고 두들겨 팼지만, 그는 석방된 후 중국의 도처를 돌아다니며 복음을 전했다. 하나님께서는 그를 통하여 큰 기적과 기사(奇事)를 나타내셨다.

'사랑하는 친구 빌리' 라고 불렸던 빌리 니콜슨(Billy Nicholson, 1876~1959. 아일랜드의 복음전도자로서 수많은 사람들을 회심시켰다)은 얼마 전에 세상을 떠나 주님 곁으로 간 사람이다. 그는 아일랜드가 정치적으로 혼란스럽고 도덕적으로 타락했을 때 그곳에 가서 복음전도자로 일했다. 그가 그곳에서 많은 사람들을 회심시켰기 때문에 아일랜드는 혁명을 피할 수 있었다.

당신은 '거룩한 앤' (Holy Ann)이라고 불리는 아일랜드계 캐나다 여인에 대해 들어보았는가? 전하는 말에 의하면, 그녀는 하나님 아버지와 너무 친밀하게 대화를 나누었기 때문에 하나님께는 그녀 외에 다른 자녀가 없는 것처럼 느껴질 정도였다고 한다.

또한 당신은 새미 모리스(Sammy Morris)의 생애에 대해 들어보았는가? 나는 실제로 그를 만난 적은 없지만 그의 무덤 곁에서 모자를 벗고 서 있었던 적은 있다. 아프리카 크루 족(族)인 소년 새미 모리스는 성령님에 대한 이야기를 듣고 미국으로 갔다. 그가 어려움을 무릅쓰고 미국까지 간 이유는 성령님에 대해 이야기를 들려줄 사람을 찾기 위해서였다. 그가 누군가를 만났을 때, 그 사람은 뉴욕 시의 이곳저곳으로 그를 데리고 다니며 "이 빌딩을 보라! 저 빌딩을 보라!"라고 말했다. 그러자 모리스는 그 사람의 말을 끊고 "내가 뉴욕 시에 온 것은 빌딩들을 보기 위함이 아닙니다. 당신은 성령님에 대해 무엇을 알고 있습니까?"라고 물었다.

새미 모리스는 테일러 대학교로 가서 그곳 사람들에게 "내가 알기에 당신들 같은 감리교 신자들은 성령님을 믿는다고 합니다. 나는 그분에 대해 더 많이 알고 싶습니다. 혹시 어떤 학생도 원하지 않는 지붕 가장자리 아래 다락방이 하나 있다면 내가 거기에 머물도록 허락해주십시오. 거기서 성령님과 은밀히 교제하고 싶습니다"라고 말했다. 그리스도를 닮은 그리스도인 새미 모리스는 이 땅에서 짧은 삶을 살았다. 그는 인디애나 주(州)의 포트웨인 시에 묻혀 있다. 나는 그를 기억하며 그의 무덤을 찾은 적이 있다.

이제까지 사실 나는 소수의 성도들만을 언급했을 뿐이다. 역사 속에서 세상을 흔들고 도시를 정화했던 위대한 성도들의 이름을 다 언급하려면 산더미만큼 많은 종이가 필요할 것이다. 오늘날은 부흥회를 연다고 하지만 부흥회가 끝나도 우리의 공동체는 변하지 않는다. 그러나 그들 시대의 부흥회는 그들의 공동체에 하나님의 흔적을 남겼다.

성령의 은사를 받은 사람들은 어떻게 위대한 일을 이루었는가?

"사도들이 죽음으로써 성령의 은사들도 끝났다"라고 주장하는 사람들에게 나는 "당신들의 주장이 사실이라면 어거스틴, 클루니의 버나드, 리처드 롤, 로렌스 형제, 토마스 아 켐피스, 루터, 진젠도르프, 테르스테에겐, 윌리엄 부스, 조나단 에드워즈, 찰스 피니, 찰스 스펄전, 조지 뮬러, 빌리 니콜슨, 거룩한 앤 그리고 새미 모리스 같은 사람들은 어떻게 하나님을 위하여 그토록 위대한 일을 이루었는가?"라고 묻고 싶다. 만일 성령의 은사가 없다면 그들은 그들의 지성이나 두뇌로써 그토록 큰 위업을 달성할 수 있었는가? 나의 형제들이여! 결코 그렇지 않다! 그들에게는 성령의 은사가 있었으며, 그들은 은사로써 일했다. 나의 영혼이 내 손을 통해서 일하듯이 하나님의 영은 그들을 통해 일하셨다.

한편 "방언의 증거가 없는 사람은 성령 충만한 것이 아니다"라고 주장하는 사람들도 있다. 이런 사람들에게 나는 묻고 싶다.

"당신들의 주장이 사실이라면 어거스틴, 버나드, 토마스 아 켐피스, 프레더릭 W. 페이버, 데이비드 리빙스턴, 찰스 스펄전 그리고 조지 뮬러는 성령 충만하지 못한 사람들이었다. 왜냐하면 그들 중 누구도 방언의 증거에 대해 말한 적이 없기 때문이다. 우리는 그들이 그들의 육신적 능력으로써 세상을 뒤흔들고 변화시켰다고 말할 수 있는가?"

오, 형제들이여! 나는 양쪽의 극단적 견해들 중 어느 한쪽에도 동의하지 않는다. 나는 사도들이 세상에서 사라질 때 성령의 은사들도 사라졌다고 믿지 않는다. 오늘날에도 어떤 교회들에서는 성령의 은사들이 나타난다. 심지어 자기들에게 은사들이 있다는 것을 알지 못하는 교회들에서도 나타난다.

하나님은 직함, 이름표, 꼬리표 같은 것들을 찾지 않으신다. 하나님이 찾으시는 것은 사람들이다. 하나님은 겸손하고 깨끗하고 사랑으로 가득한 사람들을 찾으신다.

우리가 성경이 아닌 다른 곳에서 진리를 찾으면 아무 유익을 얻을 수 없다. 성경의 진리에 근거하지 않는 새로운 운동을 추종해봤자 아무것도 이룰 수 없다.

하나님은 직함, 이름표, 꼬리표 같은 것들을 찾지 않으신다. 하나님이 찾으시는 것은 사람들이다. 하나님은 겸손하고 깨끗하고 사랑으로 가득한 사람들을 찾으신다. 그런 사람들을 찾으면 그분은 즉시 찾아오셔서 능력을 부어주신다.

성경은 "너희가 권능을 받고"(행 1:8)라고 기록하며, "너희는 더욱 큰 은사를 사모하라"(고전 12:31)라고 교훈한다. 하나님께서 어떤 한 영혼을 위해서 능력을 베푸셨다는 것은 그분이 그 밖의 모든 사람을 위해서 동일한 능력을 베푸실 수 있다는 것을 의미한다. 물론 그분이 그렇게 하시기 위해서는 우리가 그에 합당한 조건을 충족시켜야 한다. 그분은 내가 이제까지 언급한 사람들뿐만 아니라 그들을 추종했던 많은 사람들에게도 능력을 베푸셨는데, 다만 그들의 이름이 세상에 알려지지 않았을 뿐이다. 이렇게 무명의 사람들에게도 영적 복을 내려주신 분은 우리에게도 동일한 복을 내려주기를 원하신다.

신앙이 없는 사람들은 "지금이 아니라 나중에 언젠가, 여기가 아니라 어딘가 다른 곳, 내가 아니라 다른 사람들" 이라고 말한다. 그러나 신앙이 있는 사람들은 "하나님께서 다른 곳에서 행하신 것을 이곳에서도 행하실 수 있다. 그분은 과거에 행하신 것을 지금도 행하기를 원하신다. 그분은 다른 사람을 위해 행하신 것을 나를 위해서도 행하기를 원하신다" 라고 말한다. 이 땅에 두 발을 딛고 사는 동안 머리가 차가운 우리가 순종하기만 하면 하나님께서 성령 충만을 허락하실 것이다. 그럴 때 우리는 그분의 사랑으로 뜨거워진 가슴을 안고 나가서 복음을 증거하게 될 것이다. 그분은 우리를 통하여 일하기를 원하신다.

보혜사께서 오셨다. 그분은 장소, 지리, 시대 또는 국적의 한계를 초월하신다. 그리스도의 몸은 이런 것들보다 더 크다. 그러므로 남은 문제는 우리가 마음의 문을 여느냐 하는 것이다.

노아가 비둘기를 방주 밖으로 내보냈으나 그것은 접족(接足)할 곳을 찾지 못하고 방주로 돌아왔다. 노아는 "손을 내밀어 (비둘기를) 방주 속 자기에게로 받아들였다"(창 8:9). 이 사건을 비유 삼아(비둘기는 성령의 상징임) 나는 당신에게 "당신은 믿음으로 손을 내밀어 성령님을 당신 안으로 모셔 들이겠는가?" 라고 묻고 싶다. 만일 당신이 그렇게 한다면 당신의 삶은

완전히 변할 것이다. 나는 이런 변화를 체험한 사람들을 많이
봐왔다. 당신에게도 이런 변화가 일어나지 말라는 법은 없다.
당신에게 필요한 것은 온전한 순종이다.

7장

사이비 성령으로
참 성령을 대체하지 말라

하나님은 인간의 달변, 멋진 음악 또는 좋은 설교를 통해 하나님의 능하신 일을 이루시는 것이 아니다.
하나님은 오직 성령님을 통하여 이루신다.
우리는 하나님과 그분의 영의 능력을 의지하는 것이 얼마나 중요한지 깨달아야 한다.

교회 안의 비극

"너희가 나를 사랑하면 나의 계명을 지키리라 내가 아버지께
구하겠으니 그가 또 다른 보혜사를 너희에게 주사 영원토록 너
희와 함께 있게 하시리니 저는 진리의 영이라 세상은 능히 저
를 받지 못하나니 이는 저를 보지도 못하고 알지도 못함이라
그러나 너희는 저를 아나니 저는 너희와 함께 거하심이요 또
너희 속에 계시겠음이라"(요 14:15-17).

"보혜사 곧 아버지께서 내 이름으로 보내실 성령 그가 너희
에게 모든 것을 가르치시고 내가 너희에게 말한 모든 것을 생
각나게 하시리라"(요 14:26).

인격체(人格體)로 이 땅에 오신 성령님은, 예수님이 지금 이 땅에 계실 경우 행하기를 원하시는 모든 것을 우리를 위해 행하기를 원하신다. 그러나 이 진리를 믿음으로써 변화된 그리스도인들이 얼마나 될까?

내가 이렇게 묻는 것은 오늘날 많은 교회들에서 무슨 일이 일어나는지를 잘 알고 있기 때문이다. 내가 이렇게 묻는 것은 성령님의 도움 없이도 교회를 이끌고 나가는 사람들이 많기 때문이다. 성령님을 의지하지 않고도 교회를 조직하고 당회를 만들고 목회자를 청빙하고 성가대를 만들고 주일학교를 시작하고 여전도회를 조직하는 사람들이 있다. 물론 이런 일들을 하는 것 자체가 나쁜 것은 아니다. 나는 이런 일들에 반대하지 않는다. 다만 나는 성령님을 의지하지 않고 이런 일들을 추진하는 것이 잘못되었다고 지적할 뿐이다.

성령님이 임재하시지 않은 상태에서 목회자가 교회를 운영할지라도 수년 동안 아무도 눈치를 채지 못하는 경우가 생길 수 있다. 이것은 정말 비극이다. 형제들이여! 교회에서 이런 일이 벌어지는 것은 정말 비극이다. 그러나 우리는 이 비극을 얼마든지 막을 수 있다.

"귀 있는 자는 성령이 교회들에게 하시는 말씀을 들을지어다"(계 3:22).

교회와 신자의 삶에서 성령님께 합당한 자리를 내어드리는 것이 절대적으로 요구된다.

당신의 교회에 공간이 부족할 정도로

당신의 교회에 공간이 부족할 정도로 교인의 숫자가 늘어나고 사람들이 너무나 좋아하는 모든 것들을 교회에 비치했다 할지라도 성령님이 계시지 않다면, 당신의 교회에는 아무것도 없는 것과 마찬가지이다.

교인의 숫자가 늘어나고 사람들이 너무나 좋아하는 모든 것들을 교회에 비치했다 할지라도 성령님이 계시지 않다면, 당신의 교회에는 아무것도 없는 것과 마찬가지이다. 그렇기 때문에 하나님은 "힘으로 되지 아니하며 능으로 되지 아니하고 오직 나의 신으로 되느니라"(슥 4:6)라고 말씀하신다. 하나님은 인간의 달변, 멋진 음악 또는 좋은 설교를 통해 하나님의 능하신 일을 이루시는 것이 아니다. 하나님은 오직 성령님을 통하여 이루신다. 우리는 하나님과 그분의 영의 능력을 의지하는 것이 얼마나 중요한지 깨달아야 한다. 왜냐하면 장차 우리에게 오직 하나님만이 계실 날이 올 것이기 때문이다. 더 늦기 전에 우리는 하나님의 성령을 교회에 다시 모셔야 한다.

기도와 순종과 죄의 고백을 통해 성령님을 우리 가운데 모셔라. 성령님이 우리를 완전히 통제하실 때까지 그렇게 하라! 성령님이 온전히 지배하시면 빛, 생명, 능력, 승리, 기쁨 그리고 복된 열매가 우리 중에 가득할 것이다. 성령님의 인도와 능력

가운데 살 때 우리는 전과는 전혀 다른 차원에서 살게 될 것이다. 우리가 감히 꿈도 꾸지 못했던 차원에서 살게 될 것이다.

기독교의 역사(歷史)를 보면, 기독교의 어떤 세력들이 작은 잘못들을 범하고 그후에 또 큰 잘못들을 범한 것을 볼 수 있다. 과거에 기독교 안의 자유주의자들은 예수 그리스도의 신성(神性)을 부인하는 큰 잘못을 범했다. 그 결과, 무수한 사람들이 영적으로 맹목(盲目)이 되어 영적 쇠퇴와 영적 죽음을 맛보았다.

그렇다면 최근의 복음주의적 기독교는 어떤가? 복음주의적 교회에 출석하는 많은 사람들과 복음주의적 교회에서 지도적 위치에 있는 사람들도 역시 큰 잘못을 범하고 있다. 그 잘못은 성령님의 신성(神性)을 소홀히 취급하는 것이다. 나는 우리 복음주의적 그리스도인들이 성령님의 신성을 부인할 것이라고 믿지 않는다. 그러나 그들이 삼위일체 하나님 안에서의 성령님의 위격(位格)과 교회 안에서의 성령님의 주권을 소홀히 한 것은 사실이다.

성령님을 소홀히 했을 때 나타나는 일들

우리는 성령님을 소홀히 한 우리의 잘못이 초래한 결과들이 현재 기독교에서 많이 발견된다고 고백하지 않을 수 없다.

어떤 교회들은 종교적 분위기를 약간 풍기는 친목회로 변질되어버렸다. 이 문제와 관련하여 나는 내 입장을 분명히 밝히기를 원한다. 교회는 종교적 분위기를 풍기는 것으로 끝나서는 안 된다. 교회의 생명은 하나님의 임재이다. 나는 하나님의 임재가 없는 기독교에는 전혀 관심이 없다. 점잖은 분위기를 연출하기 위해 의도적으로 기독교적 냄새를 풍기는 노처녀 친목회가 있는가? 당신이 나에게 이런 친목회에 아무리 관심을 갖게 만들려고 애써도 소용없다. 나는 하나님이 계시지 않는 단체를 원하지 않는다.

내게 필요한 분은 오직 하나님이시다. 그분이 계시지 않는 단체라면 나는 발도 들여놓기 싫다. '기독교'라고 불리는 곳에 하나님이 계시지 않다면 나는 기독교인이 되지 않을 것이다. 주님은 "내가 네 행위를 아노니 네가 차지도 아니하고 더웁지도 아니하도다 네가 차든지 더웁든지 하기를 원하노라 네가 이같이 미지근하여 더웁지도 아니하고 차지도 아니하니 내 입에서 너를 토하여 내치리라"(계 3:15,16)라고 말씀하셨다. 그분은 차지도 않고 더웁지도 않은 것, 즉 미지근한 것을 싫어하셨다. 하나님이 계시지 않는 기독교야말로 미지근한 것이 아니겠는가?

지금 많은 교인들은 흥을 북돋우기 위한 대형 트럭 한 대 분량의 각종 조명 장치와 첨단 음향 시설, 기타 소품(小品)을 갖고 있지 않으면 하나님을 섬기지 못할 것이다.

성령님을 높이지 않은 우리의 잘못 때문에 많은 육신적 선생들이 교회 안으로 들어왔다. 당신도 잘 알겠지만, 교회는 본래 성경책 하나로 시작되었다. 그 다음에 찬송가책이 생겼다. 성경책과 찬송가책! 교회는 이 두 가지로 오랜 세월 신앙을 지켰었다. 그러나 지금은 어떤가? 현재 대부분의 교회들은 이 두 가지만으로는 교인들을 붙잡아두지 못하기 때문에 온갖 종류의 잡동사니를 교회 안으로 들여왔다. 지금 많은 교인들은 흥을 북돋우기 위한 대형 트럭 한 대 분량의 각종 조명 장치와 첨단 음향 시설, 기타 소품(小品)을 갖고 있지 않으면 하나님을 섬기지 못할 것이다.

사람들을 교회로 끌어들이고 그들을 계속 교회에 붙잡아놓는 데 사용되는 이런 각종 장치와 시설과 소품들은 세련되게 느껴질 수도 있고 유치하게 느껴질 수도 있다. 그것들은 고상하고 예술적으로 보일 수도 있고, 천박하고 조악(粗惡)하게 보일 수도 있다. 그것들이 어떻게 느껴지고 어떻게 보이느냐는 누가 그것들을 사용하느냐에 따라 달라진다. 그러나 어떤 경우든 간에 현재 문제가 되는 것은 성령님이 그 중심에 안 계시다는 것이다. 주님이 주인이 되시지 못하는 것이 문제의 본질이다! 하나님을 주인으로 모시지 못하기 때문에 우리는 사람들의 흥을 북돋우고 그들을 계속 붙잡아두기 위해 비성경적(非聖經的)이고 반성경적(反聖經的)인 장비와 소품을 사용하고 있다. 내가 볼 때, 우리의 비극은 이런 종교적 장비와 소품을 사용하는 것 자체가 아니다. 문제는 이런 것들이 우리의 필수품이 된 반면 영원한 성령님은 우리 가운데 계시지 않다는 것이다.

나의 이런 지적이 옳다면, 그리고 우리가 이런 문제에 대해 깊은 우려를 갖고 있다면, 우리는 자신에게 "우리의 교회와 삶에서 성령님께 합당한 사역의 자리를 내어드리지 않을 때 우리가 어떤 분을 무시하는 것인지 알고 있는가?"라고 물어야 한다. 이 질문에 대답하기 위해서 우리는 깊이 생각해야 하는데, 깊이 생각하려면 고등학교나 대학 시절 이후 별로 사용한 적이 없는 두뇌의 세포들을 깨워야 한다. 나는 당신에게 우리의 본제(本題)가 성령님에 대한 논의라는 것을 염두에 두면서 잠시 좀 특이한 주제에 대해 함께 생각해볼 것을 제안한다.

또 다른 존재방식

영(靈, spirit)의 존재방식은 물질의 존재방식과 다르다는 점에 대해 살펴보도록 하자.

영은 물질이 아니다. 지금 당신 옆에 어떤 물질이 있다면 당신은 그것을 집어서 저쪽으로 던질 수 있다. 이런 것이 바로 물질이다. 당신은 물질로 이루어져 있다. 당신의 머리와 몸이 물질로 이루어져 있다. 그러나 물질은 하나의 존재방식일 뿐이다.

물질의 존재방식과 다른 존재방식을 갖는 것이 있는데, 그것은 바로 영이다. 물질은 무게, 크기, 색깔을 지니며 공간 안에서 연장(延長)한다는 속성을 갖는다. 우리는 물질의 양(量)과 무게를 측정할 수 있다. 또한 물질은 형태가 있다.

그러나 성령님(the Spirit)은 물질이 아니시다. 그러므로 그분에게는 무게, 부피, 형태 그리고 공간 안에서의 연장이 없다. 영의 한 가지 능력은 물질 속으로 관통(貫通)할 수 있다는 것이다. 예를 들면, 당신의 영은 당신의 몸의 어딘가에 거하면서 당신의 몸을 관통하지만 당신의 몸을 해치지는 않는다. 당신의 영이 이렇게 할 수 있는 것은 그것이 물질과는 다른 존재방식을 갖고 있기 때문이다.

우리가 잘 알듯이, 죽은 자들로부터 부활하신 예수님은 더 이상 '단순히 물질적인 존재'가 아니셨다. 그분은 방의 문이 잠겨 있는 상태에서 방 안으로 들어오셨다. 그분은 벽을 통해 들어오신 것이다. 다시 말해서, 예수님은 방문을 열지 않고 방 안으로 관통해 들어오셨다. 그러나 십자가에서 돌아가시기 전에는 그렇게 하실 수 없었을 것이다. 그분은 부활 후에 그렇게 하셨다.

그러므로 영은 물질과는 다른 것이다. 영은 물질이 아니기 때문에 인격을 관통할 수 있다. 당신의 영은 당신의 인격을 관통할 수 있다. 하나의 인격은 다른 인격을 관통할 수 있다. 성령님은 당신의 인격과 당신의 영을 관통하실 수 있다. 바울은 고린도전서 2장 11절에서 "사람의 사정을 사람의 속에 있는 영 외에는 누가 알리요 이와 같이 하나님의 사정도 하나님의 영 외에는 아무도 알지 못하느니라"라고 말한다. 이렇게 말한 다음, 그는 고린도전서 2장 12절에서 하나님의 신령한 것들을 계시하시는 하나님의 영 외에는 어떤 사람도 그것들을 알 수 없다고 설명한다. 하나님의 영은 인간의 영을 관통하실 수 있다.

성령님에 대한 오해

많은 사람들이 성령님에 대해 잘못 알고 있다. 예를 들면, 사람들은 열심을 성령님으로 오해하기도 한다. 다시 말해서 어떤 사람들은 열심을 내게 되면 그것이 성령님의 임재라고 믿는다. 또 어떤 사람들은 찬송가를 부르면서 흥분 상태에 빠지면 그것이 성령님의 임재의 표시라고 믿는데, 그분이 임하신다고 해서 항상 흥분 상태가 뒤따르는 것은 아니다. 이런 사람들 가운데 어떤 이들은 세상으로 가서 세상 사람들처럼 살기도 한다. 그러나 어떤 사람 안으로 들어가서 그로 하여금 하나님을 미워하는 세상 사람들처럼 살게 만드는 것이 성령님의 일은 아니다. 그런 이유 때문에 대부분의 사람들은 성령 충만 받기를 원하지 않는다. 그들은 자기들이 원하는 방식대로 살면서 단지 성령님을 액세서리처럼 갖기를 원한다. 그러나 분명히 말하지만, 성령님은 액세서리 같은 분이 아니시다. 그분은 주님이시다. 우리가 그분을 주님으로 모시지 않는다면 그분은 우리에게 임하시지 않는다.

성령님은 액세서리 같은 분이 아니시다. 그분은 주님이시다. 우리가 그분을 주님으로 모시지 않는다면 그분은 우리에게 임하시지 않는다.

심호흡을 한 후 "성령님은 인격체(人格體)이시다"라고 백 번만 외쳐보라. 열심이 성령님이 아니시다. 용기가 성령님이 아니시다. 에너지가 성령님이 아니시다. '동장군'(冬將軍)이라는 말이 추운 날씨를 의인화하는 것처럼 성령님이 온갖 선한 속성들을 의인화하시는 것은 아니다. 성령님은 아무것도 의인화하시지 않는다. 당신이 인격체인 것과 마찬가지로 그분은 인격체이시다(물론 그분은 물질적 존재가 아니시다). 그분은 독립적 존재이기 때문에 다른 존재가 되실 수 없다. 그분께는 의지(意志)와 지성(知性)이 있으시다. 그분은 다른 존재들이 내는 소리를 들으신다. 그분은 인식하시고 동정심을 느끼신다.

사랑하고 보고 생각할 수 있는 능력이 그분께 있으시다. 그분은 말하고 슬퍼하고 기뻐하고 갈망하신다. 다시 말하지만, 성령님은 인격체이시다.

성령님은 당신과 의사소통을 하고 당신을 사랑하실 수 있다. 당신이 그분께 저항하고 그분을 무시하면 그분은 슬퍼하신다. 그분이 당신의 집에 손님으로 오셨을 때 당신이 그분께 반항하면 그분이 주시는 감동의 불이 꺼진다. 그분은 상처를 받으실 수 있기 때문에 우리가 그분께 상처를 주면 그분은 침묵하신다.

성령님은 누구신가?

이제 성령님이 누구신지에 대해 살펴보자.

1. 교회는 성령님에 대해 무엇이라고 가르치는가?

역사적 기독교는 성령님이 하나님이라고 가르쳤다. 니케아 신경(the Nicene Creed, A. D. 325년 니케아 회의에서 결정된 신경 - 역자 주)의 끝부분에는 이런 말이 나온다.

"나는 성령님을 믿는다. 성령님은 주님이시며 또한 생명을 주는 분이시다. 그분은 성부와 성자로부터 영원히 발출(發出)하신다. 그분은 성부와 성자와 함께 경배와 영광을 받으신다…."

이것이 약 1,600여 년 전에 작성된 니케아 신경의 고백이다.

니케아 신경 다음에 만들어진 것이 아타나시우스 신경이다. 오랜 세월을 거슬러 올라가 우리 믿음의 조상들이 예수님이 누구신지에 대해 해주는 말을 들어보는 것은 즐거운 일이 될 것이다. 아타나시우스 신경이 만들어지게 된 계기는 아리우스(Arius, A. D. 250~336)라는 사람이 일어나 "예수님은 훌륭하고 위대한 사람이지만 하나님은 아니시다"라고 주장했기 때문이다. 그의 이단적 주장에 대항하여 아타나시우스(Athanasius, A. D. 293~373)라는 사람이 "성경은 예수님이 하나님이시라고 가르친다"라고 주장했다. 이 두 사람을 둘러싸고 큰 논쟁이 일어났을 때 어떤 사람들이 아타나시우스에게 와서 "온 세상이 당신에게 반대하고 있습니다"라고 말했다. 그러나 그는 "그렇습니까? 그렇다면 나는 온 세상에 반대합니다"라고 대답했다.

그리하여 종교회의가 소집되었고, 참석자들은 그리스도의 신성(神性) 문제에 대해 깊이 논의했으며, 결국 아타나시우스 신경이 만들어졌다. 우리는 TV 드라마를 보느라고 너무 바빠서 아타나시우스 신경을 읽어볼 엄두를 못 내는데, 이번 기회에 읽어보자.

성부 한 분이 계시고, 성자 한 분이 계시고, 성령 한 분이 계시지만 성부와 성자와 성령은 한 하나님이시다. 성부와 성자와 성령의 영광은 동일하고, 성부와 성자와 성령의 위엄도 똑같이 영원하다.

성부도 창조되시지 않은 분이요, 성자도 창조되시지 않은 분이요, 성령도 창조되시지 않은 분이시다. 성부도 무한하시고, 성자도 무한하시고, 성령도 무한하시다. 성부도 영원하시고, 성자도 영원하시고, 성령도 영원하시지만, '영원한 분'이 세 분이 아니라 한 분이시다. 이와 마찬가지로 '창조되지 않은 분'도 세 분이 아니라 한 분이시며, '무한한 분'도 세 분이 아니라 한 분이시다. 성부도 전능하시고, 성자도 전능하시고, 성령도 전능하시다. 그러나 '전능하신 분'이 세 분이 아니라 한 분이시다. 성부도 하나님이시요, 성자도 하나님이시요, 성령도 하나님이시다. 그러나 하나님이 세 분이 아니라 한 분이시다. 성부도 주님이시며, 성자도 주님이시며, 성령도 주님이시다. 그러나 주님이 세 분이 아니라 한 분이시다. 그러므로 성부도 하나님이시고 성자도 하나님이시며, 성부도 주님이시고 성자도 주님이시다. 이와 마찬가지로 성령도 하나님이시고 주님이시다. 성부는 그 누구로부터 만들어지시지 않았으며, 창조되시지도 않고 태어나시지도 않았다. 성자는 오직 성부로부터 오셨지만, 만들어지시지 않고 창조되시지도 않았다. 성령은 성부와 성자로부터 오셨지만, 만들어지시지 않고 창조되시지 않고 태어나시지 않고 오직 발출(發出)하셨을 뿐이다.

오, 형제여! 이 신경(信經)을 읽고 어떤 느낌이 드는가? 당신이 어떻게 느끼는지 모르겠지만, 우리 믿음의 조상들이 이렇게 믿었고 그들의 신경이 장구한 세월을 지나 우리에게 전해졌다는 말을 들을 때 나는 진수성찬(珍羞盛饌)을 대할 때보다 더 기쁘다.

당신도 알다시피, 옛날에 그리스도인들이 함께 모여 이런 신앙을 고백할 때 그들 중 어떤 사람들은 혀를 뽑혔고, 어떤 이들은 팔이 잘렸고, 어떤 이들의 귀는 불에 태워졌고, 심지어 어떤 이들은 목숨을 잃었다. 이 모든 것이 그들이 예수님을 주님으로 인정하고 하나님 아버지께 영광을 돌렸기 때문이다.

아타나시우스 신경을 작성한 옛 성도들은 진리를 아는 박식한 학자들이었다. 그들은 함께 모여 온 세상을 위해 신경을 작성하고 모든 시대에 그것을 물려주었다. 그들로 인하여 나는 무릎을 꿇고 하나님께 감사한다.

역사적 교회뿐만 아니라 성경도 성령님이 하나님이시라고 말한다. 역사적 교회가 성령님을 하나님으로 믿었지만 성경이 그렇게 말하지 않는다면 나는 단호히 교회의 주장을 거부할 것이다. 날개폭에 발이 열두 개가 달린 천사장(天使長)이 나타나 원자탄의 폭발 때와 같은 강렬한 빛을 내뿜으며 "성령님이 하나님이시다"라고 말한다 할지라도 그가 그의 주장을 뒷받침할 수 있는 성경구절을 제시하지 못한다면 나는 그를 믿지 않을 것이다. 나는 성령님이 하나님이시라고 증거하는 성경구절을 원한다. 나는 전통이라면 무조건 받아들이는 사람이 아니다. 만일 어떤 사람이 내게 와서 "성령님이 하나님이시라고 믿는 것은 교회의 전통입니다"라고 말한다면, 나는 "전통이라고요? 그 전통이 진리라면 너무나 좋은 것입니다. 그런데 그 전통이 정말 진리입니까? 그것이 진리임을 증명하는 성경구절을 말해 주십시오"라고 요구할 것이다. 이제 나는 신경(信經)을 작성한 옛 성도들이 성부와 성자와 성령에 대해 말한 것이 모두 진리인지 아닌지를 확인하고 싶다.

결론부터 말하자면, 성경은 성령님이 하나님이시라고 말한다. 성경은 성부와 성자에게 속하는 속성(屬性)들이 성령님께도 속한다고 증거하기 때문에 우리는 성경의 증거에 귀를 기울여야 한다. 시편 139편 7절의 기자는 "내가 주의 신을 떠나 어디로 가며 주의 앞에서 어디로 피하리이까"라고 말한다. 이 말은 성령님의 무소부재(無所不在)의 속성을 증거한다. 마귀는 무소부재한 존재가 못 된다. 무소부재한 분은 오직 하나님뿐이시다.

욥기 26장 13절에서 하나님은 창조의 능력을 가진 분으로 묘사된다.

"(하나님은) 그 신으로 하늘을 단장하시고."

또한 욥기 33장 4절에는 "하나님의 신이 나를 지으셨고 전능자의 기운이 나를 살리시느니라"라는 말이 나온다. 이 말에서 전능자의 기운, 전능자의 영, 전능자의 신이 생명을 주시는 것으로 묘사된다. 그러므로 여기에서 성령님은 창조주로 묘사되고 있다.

"성령이 이르신 바와 같이…"(히 3:7)라는 표현에서도 알 수 있듯이, 성령님은 명령을 내리신다. 주지하듯이, 명령을 내리실 수 있는 분은 오직 하나님뿐이시다. 성령님은 고린도후서 3장 17절에서 주(主)라고 불리신다.

"주(主)는 영(靈)이시니."

"내가 성부와 성자와 성령의 이름으로 세례를 주노라"라는 세례식 문구(文句)도 성령님이 하나님이심을 암시한다. "주 예수 그리스도의 은혜와 하나님의 사랑과 성령의 교통하심이 너희 무리와 함께 있을지어다"(고후 13:13)라는 축도도 성령님이 하나님이심을 암시한다.

그렇다! 성령님은 하나님이시다. 그리고 가장 중요한 것은 성령님이 지금 임재하신다는 사실이다. 눈에 보이지 않는 하나님께서 임재하시는 것이다! 내가 성령님을 당신에게 보여줄 수는 없다. 다만 나는 성령님이 여기에 계신다고 당신에게 말해줄 수 있을 뿐이다. 다시 말해서 나는 성령님이 인식하고 느낄 수 있는 인격체로서 우리 가운데 계신다고 말해줄 수 있을 뿐이다.

그분은 당신이 그분의 존재와 인격과 임재의 진리에 어떻게 도달하는지를 알고 계신다. 그분은 당신이 지금 무슨 생각을 하고 있는지를 아신다. 당신은 그분을 피해 도망할 수 없다. 그분은 지금 여기에 계신다. 예수님은 "내가 아버지께 구하겠으니 그가 또 다른 보혜사를 너희에게 주사 영원토록 너희와 함께 있게 하시리니"(요 14:16)라고 말씀하셨다. 그러므로 성령님은 지금 여기 우리 가운데 계신다. 그분은 성부와 성자로부터 분리되지 않으신다. 그분은 완전한 하나님이시며, 하나님의 모든 권리를 행사하신다. 그분은 모든 경배와 사랑과 순종을 받기에 합당하시다. 성령님은 바로 이런 분이시다!

이 질문에 답하는 과정에서 우리는 성령님에 대해 아주 아름다운 사실들을 알게 된다.

첫째, 성령님은 예수님 같은 분이시다.

성령님은 예수님의 영이시기 때문에 예수님과 똑같은 분이시다. 성령 충만하다고 주장하면서 전혀 성령 충만하지 않은 것처럼 행동하는 사람들은 다른 사람들을 불안하게 만든다. 스스로 성령 충만하다고 말하면서 엄하고 매정하고 입이 거친 사람들도 있다. 또 어떤 사람들은 이상야릇하고 불법적인 행동을 서슴지 않으면서 자기들의 행동이 성령님의 인도를 받은 것이라고 주장한다. 그러나 예수님은 그렇게 처신하지 않으셨다.

형제들이여! 예수님이 성부와 똑같은 분이듯이, 성령님은 예수님과 똑같은 분이시다. 예수님은 "나를 본 자는 아버지를 보았거늘"(요 14:9)이라고 말씀하셨으며, 그후에 또한 "진리의 성령이 오시면 그가 너희를 모든 진리 가운데로 인도하시리니 … 그가 내 영광을 나타내리니 내 것을 가지고 너희에게 알리겠음이니라"(요 16:13,14)라고 말씀하셨다. 예수님이 하신 말씀의 요지는 "성령님이 나를 너희에게 드러내실 것이다"라는 것이다.

나는 예(例)를 통해 이 진리를 당신에게 좀 더 분명히 설명하기를 원한다. 이를 위해 나는 몇 가지 질문들을 던지고 그에 대답하는 형식을 취하겠다.

우선 우리는 "성령님은 어린 아기들을 어떻게 생각하실까?"라는 질문을 던질 수 있다. 예수님은 아기들에 대해 성부 하나님과 똑같은 태도를 가지셨다. 틀림없이 성부 하나님은 아기들을 아주 좋아하실 것이다. 왜냐하면 성자 하나님께서 아기를 자신의 팔에 안고 털이 별로 없는 아기의 작은 머리에 손을 얹고 "하나님의 복을 받아라"라고 말씀하셨기 때문이다. 성자 하나님은 아기를 축복하셨다! 어쩌면 신학자들은 그분이 왜 그렇게 하셨는지를 이해하지 못할지도 모르겠다. 그러나 나는 그 이유를 알 것 같다. 이 세상에서 가장 부드럽고 촉감이 좋은 것은 머리털이 별로 없는 어린 아기의 머리일 것이다. 그런데 예수님은 바로 이런 아기의 머리 위에 손을 얹고 자신의 아버지의 이름으로 축복하셨던 것이다! 성령님은 예수님의 영이시다. 성령님은 예수님이 아기들에게 가졌던 태도와 똑같은 태도를 아기들에 대해 갖고 계신다.

만일 사람들이 "성령님은 병자들에 대해 어떤 마음을 품으시는가?"라고 묻는다면, 나는 "예수님은 병자들에 대해 어떤 마음을 품으셨는가?"라고 반문할 것이다. 누군가 "성령님은 죄

성령님은 모든 것에 대해 예수님
과 똑같이 느끼시는데, 성령님이
바로 예수님의 영이시기 때문이
다. 이 세상 모든 것에 대한 성령
님의 반응은 예수님의 반응과 똑
같다.

인들에 대해 어떤 태도를 취하시는가?"
라고 묻는다면, 나는 "예수님은 간음 중
에 잡혀서 끌려온 여인을 어떻게 대하셨
는가?"라고 반문하겠다. 성령님은 모든
것에 대해 예수님과 똑같이 느끼시는데,
성령님이 바로 예수님의 영이시기 때문이다. 이 세상 모든 것
에 대한 성령님의 반응은 예수님의 반응과 똑같다.

그러므로 성령님의 임재는 우리 주 예수 그리스도께서 친히
여기에 와 계신 것과 똑같은 것이라고 생각하라. 예수님이 지
금 여기에 와 계신다면 누구도 그분을 피해 도망하지 않을 것
이다. 그분이 이 땅에서 사역하실 때 온갖 종류의 사람들이 그
분께 나아왔다. 아기 엄마들은 아기들을 데리고 왔다. 병든 사
람, 지친 사람 그리고 피곤한 사람이 모두 그분께 나아왔다. 모
든 사람들이 그분께 나아왔는데, 그분만큼 사람들을 끌어당기
는 분이 없었기 때문이다.

당신은 예수님에 대해 나쁘게 말하는 사람을 찾지 못할 것이
다. 왜냐하면 그분은 이 세상에서 살았던 사람들 중에서 가장
매력적이고 가장 친절하고 가장 사랑이 많고 가장 부드럽고 가
장 아름다운 분이시기 때문이다. 예수님은 성령님이 어떤 분이
신지를 보여주셨다. 그러므로 예수님을 보면 우리는 성령님이

어떤 분이신지를 알 수 있다. 우리 주 예수 그리스도와 똑같이 성령님도 자비롭고 친절하고 부드럽고 사랑이 많으시다.

성령님은 친절하고 우호적이고 사랑이 많은 분이시기 때문에 또한 슬픔을 느끼실 수 있다. 우리가 그분을 무시하거나 의심하거나 회피할 때 또는 그분께 저항하거나 불순종하거나 그분께 죄를 지을 때 그분은 슬퍼하신다. 사실 사랑이 없다면 슬픔도 없는 법이다. 그분이 우리 때문에 슬퍼하신다는 것은 그분이 우리를 사랑하신다는 반증(反證)이다.

열일곱 살 된 당신의 아들이 비뚤어지기 시작했다고 가정해 보자. 그는 당신의 정당한 충고를 듣지 않고 매사를 자기 고집대로 하려고 한다. 설상가상으로 그는 다른 동네에서 온 낯선 젊은이와 어울리더니 급기야 사고를 친다. 당신은 경찰서로 불려간다. 그곳에 가보니 당신의 아들과 그의 친구가 수갑을 찬 채 앉아 있다. 이런 상황에서 당신이 어떻게 느낄지 당신은 잘 알 것이다. 당신은 당신 아들의 친구를 동정하겠지만, 그에게 사랑의 감정을 느끼지는 않는다. 왜냐하면 당신은 그를 알지 못하기 때문이다. 그러나 당신의 아들을 볼 때 마음이 찢어지도록 슬플 것이다. 왜냐하면 그는 당신이 사랑하는 아들이기 때문이다. 사랑이 없으면 슬픔도 없다.

만일 이 두 소년이 감옥으로 보내진다면

당신은 아들 친구에 대해서는 동정심을

느끼겠지만, 아들에 대해서는 슬픔을 느

낄 것이다. 자녀 때문에 슬퍼하는 어머니

하나님의 성령이 우리 중에 거하
실 수 있음에도 불구하고 우리가
성령을 소홀히 대하는 것은 정말
비극이고 재앙이다.

는 자녀를 사랑하기 때문에 슬퍼하는 것이다.

"하나님의 성령을 근심하게 하지 말라"(엡 4:30)라는 말 속에
는 "성령님은 우리를 너무나 사랑하시기 때문에 우리가 그분께
무례하게 행동하거나 그분께 저항하거나 그분을 무시할 때 그
분은 슬퍼하신다"라는 뜻이 담겨 있다. 그러나 감사하게도, 우
리가 믿음으로 그분께 순종하면 그분은 기뻐하신다. 우리가 그
분을 기쁘게 해드리면 그분은 자식을 기뻐하고 사랑하는 부모
가 자식에게 반응하듯이 우리에게 반응하신다. 그분이 우리에
게 반응하시는 것은 그분이 우리를 사랑하시기 때문이다.

하나님의 성령이 우리 중에 거하실 수 있음에도 불구하고 우
리가 성령을 소홀히 대하는 것은 정말 비극이고 재앙이다. 성
령님의 부재(不在)로 인한 공백을 메우기 위해 우리는 이런저
런 방법들을 동원하여 흥을 북돋우려고 애쓴다.

어떤 교회들은 하나님의 손길에서 아주 멀리 벗어나 있기 때
문에 성령님이 그들에게서 멀어지셔도 그것을 몇 달 동안 알아

채지 못한다. 언젠가 나는 이 얘기를 설교 중에 했다. 그랬더니 그 다음 날 어떤 여자가 내게 전화를 걸어 "저는 다른 교회에 소속되어 있지만, 최근에는 목사님의 교회에서 예배를 드렸습니다. 목사님은 성령님이 멀어지셔도 그것을 알아채지 못하는 교회들이 있다고 말씀하셨습니다. 제가 소속된 교회가 바로 그런 교회입니다. 우리 교회는 계속적으로 성령님을 거부했기 때문에 성령님이 떠나셨습니다. 성령님은 우리 교회에 더 이상 계시지 않습니다!"라고 말했다.

그녀의 음성은 부드러웠고, 그 음성에는 악의(惡意)나 비판의 감정이 조금도 섞여 있지 않았다. 나는 그녀의 말이 맞는지 틀리는지 잘 모르겠다. 왜냐하면 하나님의 영이 교회에서 완전히 떠나신다고 말하기는 힘들기 때문이다. 내가 볼 때, 그런 교회들에서는 성령님이 (비유적으로 말해서) 주무시는 것이다. 예수님이 배의 뒤편에서 주무셨듯이 말이다. 우리가 성령님을 소홀히 하고 무시하면 그분은 활동하실 수 없는데, 안타깝게도 이런 일이 실제 반복적으로 일어날 수도 있다.

나는 이 세상에서 가장 중요한 사실을 다시금 강조하지 않을 수 없다. 그 사실은 성령님이 지금 당장이라도 우리에게 임재하실 수 있다는 것이다. 그분은 그렇게 되기를 기다리신다. 몸을 가지신 예수님은 전능하신 성부 하나님의 우편에서 우리를 위해 중보기도를 하고 계신다. 그분은 재림 때까지 하나님의 우편에 계실 것이다. 그러나 그분은 또 다른 보혜사, 즉 성령님, 다시 말해 자신의 영을 보내겠다고 말씀하셨다. "보혜사 성령이 나의 대리자(代理者)가 될 것이다. 성령은 나와 동일하다"라는 예수님의 말씀을 믿고 성령님을 의지할 때 비로소 우리는 하나님 앞에서 우리가 마땅히 되어야 할 존재로 변할 수 있다.

8장

지금 나도 마가 다락방
오순절의 은혜를 받을 수 있다

|||

보혜사가 오셔서 성도들 안에 머무셨다. 그분은 오셔서 그리스도를 증거하셨다.
그분은 오셔서 올바른 삶을 살 수 있는 내적 도덕적 능력과
하나님의 일을 행할 수 있는 내적 능력을 그들에게 주셨다.
이 능력은 이 땅에 머물렀고, 지금도 이 땅에 있다.

성령님의 영속성

"오순절 날이 이미 이르매 저희가 다 같이 한곳에 모였더니
홀연히 하늘로부터 급하고 강한 바람 같은 소리가 있어 저희
앉은 온 집에 가득하며 불의 혀같이 갈라지는 것이 저희에게
보여 각 사람 위에 임하여 있더니 저희가 다 성령의 충만함을
받고 성령이 말하게 하심을 따라 다른 방언으로 말하기를 시작
하니라 그때에 경건한 유대인이 천하 각국으로부터 와서 예루
살렘에 우거하더니 이 소리가 나매 큰 무리가 모여 각각 자기
의 방언으로 제자들의 말하는 것을 듣고 소동하여 다 놀라 기
이히 여겨 이르되 보라 이 말하는 사람이 다 갈릴리 사람이 아

니냐 우리가 우리 각 사람의 난 곳 방언으로 듣게 되는 것이 어찜이뇨"(행 2:1-8).

나는 사도행전 2장에 근거하여 논의를 진행하려고 한다. 흔히 사도행전 2장은 논쟁의 대상이 되지만, 나는 이 논의가 논쟁 거리에서 끝나지 않고 당신에게 실질적 도움이 되기를 원한다. 나는 오순절의 반복(反復)을 믿지 않고 대신 오순절의 영속(永續)을 믿는다. 오순절의 반복과 오순절의 영속은 전혀 다른 개념이다. 나는 당신이 사도행전에서 발견되는 오순절의 영속적 요소들을 볼 수 있기를 원한다. 그것들을 발견하려면 우선 당신은 자신에게 "오순절은 이 땅에 왔다가 가버렸는가? 아니면 이 땅에 와서 계속 머무는가?"라고 문제 제기를 해야 한다.

다시 말하지만, 나는 오순절이 반복되어야 한다고 믿지 않고 그것이 영속되어야 한다고 믿는다. 오순절은 왔다 가버린 것이 아니고 이 땅에 와서 계속 머무는 것이다. 그러므로 우리가 깨닫기만 한다면 우리는 오순절 안에서 살고 있는 것이다.

모든 종교적 체험에서와 마찬가지로 오순절에도 외형적 요소들이 있었다(이런 외형적 요소들은 변하는 것이다). 하나님은 외형적인 것들에 별로 관심을 갖지 않으신다. 우리는 하나님이 외형적인 것들을 거의 강조하시지 않는다는 것을 성령님을 통해서 배워야 한다.

한편 내면적인 것들, 즉 성령님에게서 오는 것들이 있는데 이런 것들은 영속적이고 언제나 거의 변하지 않는다. 또한 부차적(副次的)인 것들이 있는데 이것들은 상대적으로 중요할 뿐이다. 이런 것들이 전혀 중요하지 않은 것은 아니지만, 절대적으로 중요한 것은 아니다. 한편 근본적인 것들이 있는데, 이것들은 절대적으로 중요하다.

우리는 사도행전 2장에 기록된 역사적 사실을 읽었다. 오순절 날에 예루살렘의 다락방에서 무슨 일이 일어난 것인가? 그곳에 약 120명의 사람들이 모여 있을 때 "홀연히 하늘로부터 급하고 강한 바람 같은 소리가 있었다"(행 2:2). 사도행전은 급한 바람이 지나가면서 모든 것을 날려버렸다고 말하지 않는다. 당신은 어딘가에서 대단한 바람이 불고 있다는 느낌을 주는 소리를 들어본 적이 있는가? 사도행전의 기록이 바로 이런 것이다. 다시 말하지만, 오순절 날에 신자들이 모인 방에 '급하고 강한 바람 같은 소리가' 있었다.

그들이 이 소리가 무엇인가 하고 생각할 때 갑자기 큰 불덩어리가 나타나 불의 혀같이 작게 갈라지더니 각 사람들의 머리 위에 머물렀다. 이 불은 하나님의 임재의 불이었다! 사도행전은 '불의 혀같이 갈라지는 것' 이 그곳에 모인 사람들에게 보였다고 기록한다. 촛불을 켜면 불꽃이 작은 혀 모양으로 된다.

즉, 아랫부분은 넓고 위로 올라가면서 점점 가늘어진다. '불의 혀같이 갈라지는 것' 이라는 표현은 바로 이런 것을 의미한다. 그러나 우리는 이 표현에 집착할 필요는 없을 것이다. 중요한 것은 하나님의 임재의 불이 각 사람들의 머리 위에 머물렀다는 것이다. 또한 중요한 것은 이렇게 불을 받은 신자들이 방언을 하기 시작했으며, 다른 나라들로부터 와서 예루살렘에 우거하던 사람들이 그들의 방언 말함을 들었다는 것이다.

오순절 사건의 반복될 수 없는 요소는 무엇인가?

오순절에 일어난 역사적 사건의 '반복될 수 없는 요소' 는 무엇인가? 이에 대해 살펴보자.

첫째, 온 교회가 한자리에 모였다.

오순절 사건의 반복 불가능한 요소 중 하나는 온 교회가 한자리에 모였다는 것이다. 이것이 가능했던 것은 당시에 그리스도인들의 수는 다 합해야 약 120명 정도였기 때문이다. 온 교회가 이렇게 한자리에 모이는 것이 그후로는 불가능하게 되었다. 왜냐하면 그날에만 벌써 3,000명의 사람들이 거듭나서 그리스도의 몸(교회) 안으로 들어왔으며, 그후 또 다른 때에 한번에 5,000명의 사람들이 그리스도께 돌아왔기 때문이다. 이 두 경우만 합해도 8,000명이 아닌가? 확신하건대, 당시에 예루살렘에는 8,000명의 사람들이 함께 앉아 있을 만한 건물이 없었을 것이다. 그들이 앉기는커녕 서 있을 만한 건물도 없었을 것이다. 복음이 계속 전파됨에 따라 "주께서 구원받는 사람을 날마다 더하게 하셨다"(행 2:47). 시간이 흐를수록 그리스도인들의 수가 계속 증가했기 때문에 온 교회가 한자리에 모일 수 있을 정도로 넓은 건물을 찾는 것은 불가능했다. 내가 아는 한, 온 땅의 그리스도인들이 한자리에 모인 일은 오순절 이후에 결코 반복되지 않았다. 온 교회가 한자리에 모인 것은 오순절 사건의 반복 불가능한 요소 중 하나이다.

둘째, 급하고 강한 바람 같은 소리가 있었다.

나는 교회사(敎會史)를 비롯한 이런저런 분야의 책들을 광범위하게 읽었지만, 오순절 이후에 '하늘로부터 급하고 강한 바람 같은 소리'가 들리는 사건이 일어났다는 얘기는 못 들었다. 나는 장로교, 감리교, 성공회(聖公會), 모라비아 파(派) 및 기타 어떤 교파의 모임에서도 이런 사건이 일어났다는 기록을 본 적이 없다. 이런 사건은 오직 오순절에 일어났을 뿐이다.

D. L. 무디는 미국의 동부 지역에서 사람들을 모아 소나무 숲에서 집회를 가졌다. 그곳에서 며칠 동안 집회가 계속되었지

만, 아무 일도 일어나지 않았다. 무디는 사람들 앞에서 일어나 "내일은 우리 집회의 마지막 날입니다. 우리는 성령 충만을 받지 않고는 집으로 돌아갈 수 없습니다. 다시 위로 올라가 하나님께 간구합시다"라고 말하지 않을 수 없었다. 사람들은 산으로 올라가 소나무 아래에 앉았으며, 성령님이 강력하게 그들 위에 임하셨다. 그 다음 날 집회가 끝난 후 사람들은 기차를 타고 사방으로 흩어졌다. 역사가(歷史家)에 따르면, 어느 곳을 가든지 그들은 마치 들판을 달리는 삼손의 여우들처럼 성령의 불을 옮겼다고 한다. 그러나 무디가 인도한 집회에 성령님이 임하신 것은 사실이지만, 급하고 강한 바람 같은 소리가 있었던 것은 아니다. 이것은 오순절 이후에 반복되지 않았다.

셋째, 불의 나타남이 있었다.

오순절에 나타난 큰 불덩이와 같은 것이 기독교 역사에서 또 나타났다는 기록을 나는 읽어본 적이 없다. 여기서 내가 말하는 기록은 결코 자기의 체험을 과장하지 않는 평판 좋은 그리스도인들에 대한 믿을 만한 기록을 의미한다. 다시 말하지만, 나는 큰 불덩이가 나타나 불의 혀같이 갈라지더니 각 신자들의 머리 위에 머물렀다는 기록이 있다는 얘기를 듣지 못했다.

내가 아는 한, 신자들이 모인 곳에서 서로 다른 언어를 사용하는 사람들이 통역자를 세우지 않고 서로의 말을 알아듣는 일이 일어났다는 기록은 오순절 때 말고는 찾아볼 수 없다. 사도행전 2장에 기록된 사건이 바로 그것이다. 열일곱 개의 모국어를 사용하는 사람들이 모인 자리에서 각 사람들은 통역자의 도움 없이 사도들이 하는 말을 알아들었고 그것이 무엇을 의미하는지 알았다.

오순절 사건의 이런 요소는 외형적인 것들이기 때문에 반복이 불가능하다. 한쪽에서 방언(외국어)을 말하고 다른 쪽에서 그것을 듣고 이해하는 것은 외형적인 것이다. 이들은 반복되지 않았고, 반복될 필요도 없는 것이다.

왜 이런 것들이 반복되지 않았을까? 만일 이런 외형적인 것들이 기독교에 절대적으로 필요하다면, 그것들이 오순절 사건을 영속적으로 지속시키는 데 반드시 필요하다면, 그것들은 근본적이고 필수적인 것으로 간주될 것이다. 만일 그러한 요소가 교회의 빛(光)에 반드시 필요한 것임에도 불구하고 반복되지 않았다면, 교회는 태어난 그날에 사멸(死滅)하고 말았을 것이며, 아무리 늦게 잡아도 오순절 사건을 체험한 사람들이 세상을 떠났을 때 사멸하고 말았을 것이다.

분명히 이런 외형적인 것들은 절대적으로 필요한 것이 아니다. 오순절 사건 때에 그러한 요소가 있었던 것은 사실이지만, 그것들은 어디까지나 외형적인 것이었고 부차적인 것이었다. 다시 말해서 오순절 사건에만 한정되는 특수한 것들이었다.

오순절 사건의 영속적 요소는 무엇인가?

급하고 강한 바람 같은 소리, 불의 혀같이 갈라진 것이 사람들의 머리 위에 임한 것, 열일곱 개 나라에서 온 사람들이 동시에 자기들의 말로 하나님의 큰일에 대해 들은 것, 이런 요소는 사라지고 다시 반복되지 않았다. 그렇다면 이와는 달리 영속적으로 머문 것은 무엇인가? 다시 말해서 오순절 사건의 영원하고 영속적인 요소는 무엇인가? 오순절 날에 이 같은 것들이 주어졌는가? 넘쳐난 물이 흘러가버린 후에도 남아 있는 침전물처럼 영속적으로 남은 것이 있는가? 내적(內的)이고 천상적(天上的)이고 영구적이고 항구적인 것이 그날에 일어났는가?

이것이 무엇인지 알려면 우리는 예수님의 약속에 대해 알아야 한다. 요한복음 14장 16절에서 예수님은 "내가 아버지께 구하겠으니 그가 또 다른 보혜사를 너희에게 주사 영원토록 너희와 함께 있게 하시리니"라고 약속하셨다. 또한 그분은 요한복음 16장 14절에서 "그가 내 영광을 나타내리니 내 것을 가지고 너희에게 알리겠음이니라"라고 말씀하셨다.

첫째, 성령님은 그리스도를 증거하신다.

예수 그리스도께서는 자신(그리스도)을 증거할 수 있는 능력과 권세를 가진 분이 오실 것이라고 약속하셨다.

오순절 날에 성령님이 오셔서 모인 자들 위에 임하셨을 때 어떤 일이 일어났는지를 기억하라. 그때 베드로는 일어나서 제자들이 술에 취한 것이 아니라 "(유대인들이) 십자가에 못 박은 이 예수를 하나님이 주와 그리스도가 되게 하셨기"(행 2:36) 때문에 오순절의 놀라운 기적이 일어났다고 외쳤다. 또한 베드로는 "하나님이 오른손으로 예수를 높이시매 그가 약속하신 성령을 아버지께 받아서 너희 보고 듣는 이것을 부어주셨느니라"(행 2:33)라고 증거했다.

예수님은 요한복음 16장에서 "그러하나 내가 너희에게 실상을 말하노니 … 내가 그를 너희에게로 보내리니 그가 와서 죄에 대하여 … 세상을 책망하시리라"(요 16:7,8)라고 말씀하셨다. 그리스도께서 성령님의 강림을 약속하신 것은 성령님이 오셔서 죄인들에게 죄를 깨닫게 하고 신자들에게 그리스도를 보여주도록 하기 위함이었다.

둘째, 행할 수 있는 능력을 주신다.

예수님은 제자들에게 "너희는 위로부터 능력(power)을 입히울 때까지 이 성에 유하라"(눅 24:49)라고 명령하셨다. '능력' (power)이라는 말은 '무엇을 행할 수 있는 능력'을 의미한다. '능력'이라는 의미를 가진 헬라어('두나미스')로부터 영어 단어 '다이너마이트'(dynamite)가 유래했다는 사실에 착안하여 어떤 신자들은 성령님이 다이너마이트라고 이해하는데, 그것은 사정을 거꾸로 이해한 것이다. '다이너마이트'라는 단어가 헬라어에 따라서 이름 붙여진 것이지, 하나님의 능력과 성령님이 '다이너마이트'라는 단어에 따라 이름 붙여진 것이 아니다. 다이너마이트가 발명된 것은 200년도 되지 않지만, 우리가 가진 성경에서 '능력'이라는 단어로 번역된 이 헬라어('두나미스')는 예수님의 시대에도 사용되었다. 다시 말하지만, 이 헬라어의 뜻은 '무엇을 행할 수 있는 능력'이다.

어떤 사람이 바이올린을 집어 들고 연주를 하지만, 귀에 거슬리는 "끽끽" 소리만 낸다. 이 사람은 바이올린을 연주할 '능력'이 없는 것이다. 그러나 다른 사람이 그것을 집어 들자 아름다운 곡조가 울려 퍼진다. 어떤 사람이 권투 글러브를 끼고 링에 오르지만 두 주먹을 들어 올리지도 못한다. 그러나 그의 상대는 번개처럼 두 손을 놀려 그를 다운시키고 만다. 후자(後者)

에게는 상대를 다운시킬 능력이 있는 것이고, 전자(前者)에게는 그럴 능력이 없는 것이다.

물론 승리를 거두는 사람은 능력의 소유자이다. 능력이 있다는 것은 감당해야 할 일을 이룰 수 있는 강력한 힘이 있다는 것을 의미한다. 그런데 예수님은 무엇을 이룰 수 있는 능력이 우리에게 임할 것이라고 약속하신 것이다. 당신이 전도자라면, 당신은 하나님의 말씀을 쉽게 이해시킬 수 있는 능력을 받게 될 것이다. 당신이 하나님의 이름으로 무슨 일을 하든지 성령님은 그 일을 감당할 수 있는 능력을 당신에게 주신다. 성령님은 당신에게 승리할 수 있는 능력, 의롭게 살 수 있는 능력, 예수님을 바라볼 수 있는 능력, 천국을 바라보며 살 수 있는 능력을 주실 것이다. 이렇게 성령님은 '무엇을 행할 수 있는 능력'을 주신다.

이런 것들이 오순절 날에 임하여 영속적으로 머문, 영원하고 필수적이고 본질적인 것들이다. 급하고 강한 바람 같은 소리, 불의 혀같이 갈라지는 것이 각 사람들에게 임한 것 그리고 제자들이 외국어로 하나님의 큰일을 증거한 것은 내가 아는 한 반복되지 않았다. 그러나 보혜사는 오셨다. 보혜사는 오셔서 사람들을 충만케 하셨다. 보혜사가 오셔서 성도들 안에 머무셨다. 그분은 오셔서 그리스도를 증거하셨다. 그분은 오셔서 올바른 삶을 살 수 있는 내적 도덕적 능력과 하나님의 일을 행할 수 있는 내적 능력을 그들에게 주셨다. 이 능력은 이 땅에 머물렀고, 지금도 이 땅에 있다. 만일 이 능력이 우리에게 없다면, 그것은 우리가 잘못 배웠기 때문이다. 어떤 잘못된 선생들이 이 능력에 대한 두려움을 우리에게 심어주었기 때문에 우리가 이 능력을 회피한 것이다. 또는 어떤 그리스도인들이 우리에게 두려움을 주어 성령님으로부터 멀어지도록 만들었을 수도 있다.

사탄의 전략

'사탄의 전략' 이라는 표현이 좀 투박한 비유인 것은 사실이다. 하지만 내 얘기를 들어보라. 내가 젊은 시절 펜실베이니아 주(州)에서 옥수수를 심은 다음에 무슨 일을 했는지를 말해주겠다. 이 이야기를 들으면 당신은 '사탄의 전략' 이라는 비유의 의미를 쉽게 이해할 수 있을 것이다. 까마귀들로부터 옥수수 밭을 보호하기 위해 우리는 늙은 까마귀 한 마리를 총으로 쏘아 죽인 다음, 그것을 옥수수 밭 한가운데 거꾸로 매달았다. 이것은 물론 주변의 다른 까마귀들에게 겁을 주어 쫓아버리기 위한 전략이었다. 아마도 까마귀들이 모여 의논하면서 "저기에 옥수수 밭이 있지만 가까이 가면 안 된다. 거기에 죽은 까마귀가 매달려 있다"라고 말했을 것이다.

나는 사탄도 바로 이러한 전략을 구사한다고 믿는다. 사탄은 광적이고 거칠고 두려움을 주는 그리스도인들이 그리스도인으로서 해서는 안 될 일을 행하는 것을 보면, 그들을 하나님의 옥수수 밭 한가운데 데려다놓고 "성령님에 대한 교훈에 가까이 가지 말라. 만일 그렇게 했다간 이런 광적인 사람들처럼 될 것이다"라고 겁을 준다.

성령 충만하다고 주장하는 사람들이 섬뜩한 행동을 하는 경우들이 많기 때문에 하나님의 자녀들은 두려움을 느낀다. 당신이 하나님의 자녀들에게 성령 충만에 대해 얘기하기 시작하면 그들은 "아! 나는 관심 없습니다. 내가 보니까 저기 옥수수 밭 한가운데 죽은 까마귀가 있었습니다"라고 말하며 얼른 도망칠 것이다.

형제여! 물론 나는 두려움에 사로잡혀 나의 정당한 권리를 포기하는 어리석은 행동을 하지는 않는다. 일부 사람들이 그리스도인으로서 그들의 생득권(生得權)을 어떻게 사용해야 할지 모른다고 해서 내가 두려움을 느껴 나의 생득권을 포기하지는 않는다. 일부 사람들이 그리스도인의 생득권과 아무 상관 없는 것들을 보고 실망한다고 해서 내가 실망을 느껴 나의 생득권을 포기하지는 않는다. 나는 하나님이 나를 위해 준비하신 모든 것을 누리기를 원한다!

당신의 이해를 돕기 위해 우리 주님의 탄생에 대한 얘기를 좀 해보자. 그리스도께서 태어나실 때 많은 외형적 일들이 일어났다. 그것들은 근본적으로 중요한 것은 아니었다. 그분이 태어나실 때 천사들이 통보를 받고 온 것은 사실이지만, 비록 그들이 오지 않았다 할지라도 그분은 태어나셨을 것이다.

그리스도께서 오실 때 그분은 구유에서 태어나셨다. 그분이 구유에서 태어나신 것은 외형적인 것이다. 이것 말고도 다른 외형적인 것들이 많이 있었다. 이런 것들은 본질적인 것이 아니다. 본질적인 것은 바로 그분이 태어나셨다는 사실이다! 그분이 이 땅에 오셨다는 사실이다! 그분이 육신이 되어 우리 가운데 거하셨다는 사실이다! 그분이 인간의 본성을 취하셨다는 사실이다! 인류를 십자가에서 구속(救贖)하시기 위해 말씀이 육신이 되셨다는 사실이다!

이런 사실이 일어났다. 이런 사실은 일시적으로 머물다 가버리는 것이 아니다. 다른 외형적인 것들은 중요하지 않다. 중요한 것은 내적인 것이다. 천사들을 보지 못한 수천 명의 사람들이 그리스도의 구원 능력을 체험했다. 동방박사들을 보지 못한 수천 명의 사람들이 그리스도께서 베푸시는 신유의 능력을 보았다.

우리 주님의 탄생에서 배울 수 있는 교훈은 사도행전 2장에도 그대로 적용된다. 사도행전 2장의 영원한 의미는 바로 보혜사(保惠師)가 오셨다는 것이다! 하나님께서 우리 가운데 오셨다는 것이다. 하나님이 그분 자신을 우리에게 주신 것이다. 그분은 자신을 쏟아 부어주셨다. 그렇기 때문에 베드로는 "하나님이 오른손으로 예수를 높이시매 그가 약속하신 성령을 아버지께 받아서 너희 보고 듣는 이것을 부어주셨느니라"(행 2:33)라고 증거한 것이다.

나는 지금 우리가 교회의 역사(歷史)에서 매우 중대한 시기에 살고 있다고 믿는다. 근본주의 교파와 복음주의 교파가 지금까지 해왔던 것처럼 앞으로 계속한다면 근본주의자들은 모두 자유주의자가 될 것이고, 자유주의자들은 대부분 유니테리언 교도(삼위일체설을 부인하는 이단)가 될 것이다. 지금 우리에게는 성령님의 부어주심이 절대적으로 필요하다. 하지만 우리가 우리의 생득권을 사용하는 데 실패했다는 것을 인정하지 않으면 성령님은 임하시지 않을 것이다.

하나님께서는 성령님이 위로부터 우리에게 임하셔서 우리에게 감동을 주고 우리를 사로잡고 통제하실 것이라고 약속하셨다. 성령님은 우리의 한계를 완전히 극복하실 수 있다. 당신이 셰익스피어 시에 필적하는 시를 지으려고 한다면, 당신에게 셰익스피어의 정신이 있어야 할 것이다. 셰익스피어의 지성이 당신의 인격 안으로 들어와야 할 것이다. 우리가 요한 세바스티안 바흐의 음악

우리가 이 땅에서 그리스도를 닮은 작은 그리스도가 되어 그분을 드러내려고 한다면 우리에게 가장 필요한 분은 그리스도의 영이시다.

과 같은 곡을 만들어내려면, 그의 정신을 가져야 할 것이다. 우리가 윌리엄 E. 글래드스턴(William E. Gladstone, 1809~1898. 영국의 정치가로서 총리를 지냈다) 같은 정치가가 되려고 한다면, 그의 정신을 가져야 한다.

우리가 이 땅에서 그리스도를 닮은 작은 그리스도가 되어 그분을 드러내려고 한다면 우리에게 가장 필요한 분은 그리스도의 영이시다. 우리가 하나님의 자녀가 되려고 한다면, 하나님 아버지의 영이 우리 마음 안에서 숨을 쉬고, 우리를 통해 숨을 쉬셔야 한다. 그렇기 때문에 우리에게는 하나님의 영이 계셔야 한다. 그렇기 때문에 교회에는 그리스도의 영이 계셔야 한다. 하나님은 교회에게 교회의 능력을 초월하는 능력을 받아서 살라고 요구하신다. 다시 말해서 하나님은 교회에게 인간의 능력과 힘의 한계 안에 머물지 말고 그것을 초월하는 차원에서 살라고 명령하신다.

하나님은 가장 미약한 그리스도인에게도 기적의 삶을 살라

고 명령하신다. 내가 말하는 이 기적의 삶은 인간의 한계를 초월하는 강력하고 순수한 영적 및 도덕적 삶을 가리킨다. 이런 삶을 가능케 하시는 분은 오직 예수님뿐이시다. 예수님은 자신의 영을 그 백성들에게 보내기를 원하신다. 예수님의 영이 위로부터 우리에게 임하시면 우리에게 정신적, 도덕적 및 영적 영향을 미치게 된다.

성령을 받기 위한 준비

하나님께서 자신의 영을 통하여 우리 안에서 일하시기 위해서는 우리가 어떤 준비를 해야 하는가?

우리의 모든 일을 멈추고 조용히 하나님을 예배하며 그분을 섬기는 것이 우리에게 필요하다고 나는 믿는다. 우리가 육신적 집단이라는 것을 내가 당신에게 상기시키면 나는 인기 없는 사람으로 전락하고 말 것이다. 하지만 그럴지라도 그리스도인들의 집단이 육신적인 것은 사실이다. 주님의 백성은 깨끗하고 순수하고 성화(聖化)된 사람들이어야 하지만, 실제 우리는 육신적 무리이다. 우리의 태도가 육신적이고 우리의 기호가 육신적이다.

사실 우리는 여러 가지 면에서 육신적이다. 젊은이들은 교회에서 예배를 드릴 때 종종 경건하지 못한 모습을 보여준다. 우

우리의 병은 단지 설교로서는 고
쳐지지 않을 것이다. 그리스도의
교회에서 앓게 되는 병은 누군가
'두려운 신비' 라고 부른 존재(하
나님)에 갑자기 직면(直面)할 때
까지는 고쳐지지 않을 것이다.

리의 신앙적 분위기가 많이 변질되었기 때문에 우리가 하는 봉사는 전시용(展示用)으로 끝날 때가 많다. 그러므로 우리에게는 하나님의 임재가 절대적으로 필요하다. 우리의 병은 단지 설교로서는 고쳐지지 않을 것이다. 그리스도의 교회에서 앓게 되는 병은 누군가 '두려운 신비' 라고 부른 존재(하나님)에 갑자기 직면(直面)할 때까지는 고쳐지지 않을 것이다. 다시 말해서 '두려운 위엄' 으로 가득하신 하나님께 직면할 때 교회의 병이 고쳐질 것이다.

우리로 하여금 하나님을 만나게 하시는 분은 바로 성령님이시다. 성령님은 '놀라운 신비' 이신 하나님을 우리에게 드러내시고, 하나님을 인간의 영에게 보여주신다. 하나님께 직면할 때 우리의 불경건, 우리의 육신적 태도, 우리의 타락한 종교적 기호 같은 것들이 사라진다. 하나님께 직면할 때 우리 영혼의 말문이 막히고 우리의 살과 뼈가 떨릴 것이다. 우리에게 이런 지고(至高)의 복을 주시는 분은 성령님이시다.

우리는 성령님이 하나님에 대해 가르쳐주시는 것 이상으로 하나님에 대해 알 수는 없다. 또한 우리는 성령님이 예수님에 대해 가르쳐주시는 것 이상으로 예수님에 대해 알 수는 없다.

왜냐하면 하나님과 예수님에 대해서 가르쳐주실 수 있는 분은 오직 성령님이시기 때문이다.

오, 성령님이시여! 우리가 얼마나 성령님을 슬프게 해드렸습니까! 우리가 얼마나 성령님께 무례한 짓을 했습니까! 우리가 얼마나 성령님을 거부했습니까!

성령님은 우리를 가르치는 분이시다. 그분이 우리를 가르치시지 않으면 우리는 아무것도 알 수 없다. 그분은 우리에게 빛을 비추어주는 분이시다. 그분이 빛을 주시지 않으면 우리는 아무것도 볼 수 없다. 그분은 듣지 못하는 우리의 귀를 고쳐주는 분이시다. 그분이 우리의 귀를 만져주시지 않으면 우리는 아무것도 들을 수 없다. 이 진리를 모른 채 교회들은 몇 주, 몇 달 그리고 몇 년 동안 동분서주했다. 살아 계신 하나님의 영의 임재 없이 교회들은 그토록 오랜 세월 동안 방황했다.

오, 나의 영혼아! 성령님 앞에서 잠잠하고 엎드려 마음으로부터 성령님을 숭모(崇慕)하라!

성령님은 여기 우리 가운데 계신다

내가 지금 당신에게 전하고 싶은 소식은 하나님이 우리에게 임재하실 수 있다는 사실이다. 하나님께서 자신을 사람들에게 주기 위해 인류를 찾아오신 것이 오순절 사건이다. 그분이 우리를 찾아오신 목적은 우리가 마치 공기를 들이마시듯이 그분을 들이마시도록 돕고 그분이 우리 안에 충만히 거하시기 위해서이다. A. B. 심슨(A. B. Simpson, 1843~1919. 미국의 저명한 복음전도자) 박사가 사용한 비유는 내가 들어본 어떤 비유 못지않게 탁월하다. 그는 이렇게 말했다.

"하나님의 충만함으로 충만한 것은 바다 속의 병에 비유될 수 있다. 병의 코르크 마개를 빼내어 병을 바닷물 속에 집어넣으면, 병 속에는 바닷물이 가득 찬다. 병은 바다 안에 있고 바다는 병 안에 있다. 바다는 병을 담고 있지만, 병은 바다의 극히 일부만을 담고 있다. 그리스도인의 경우도 이와 같다."

우리는 하나님의 충만함까지 충만해지지만, 우리가 하나님의 모든 것을 담고 있는 것은 아닌데, 하나님이 우리를 담고 계시기 때문이다. 그러나 우리가 담을 수 있는 만큼 하나님은 우리 안에 거하신다. 다시 말해서 우리의 수용량(收容量)이 늘어날수록 하나님은 우리 안에 더 많이 거하신다. 이 사실을 안다면 우리는 우리의 수용량을 늘리려고 노력할 것이다. 우리가 하나님과 동행할수록 우리의 수용량은 늘어날 것이다.

하나님은 우리 가운데 계신다. 만일 아주 유명한 사람이 우리 교회를 방문한다면 안내인들은 어찌할 바를 몰라 쩔쩔맬 것이다. 하물며 하나님이 우리를 찾아오신다면 우리는 어떻게 해야 하겠는가? 성경은 "홀연히 하늘로 부터 급하고 강한 바람 같은 소리가 있어 … 저희가 다 성령의 충만함을 받고" (행 2:2,4)라고 증거한다. 하나님이 우리에게 내려오셨다. 그분은 잠시 왔다

만일 나라의 왕이 우리를 찾아왔는데 그를 무시한다면 참으로 수치스러운 일이다. 이 땅의 왕보다 크신 분이 우리를 찾아오셨다. 우리에게 성령님이 임하셨건만 우리는 마치 그분이 계시지 않는 것처럼 그분을 무시한다.

가 가버리기 위해 오신 것이 아니라 우리 중에 계속 머물기 위해 오셨다!

만일 나라의 왕이 우리를 찾아왔는데 그를 무시한다면 참으로 수치스러운 일이다. 이 땅의 왕보다 크신 분이 우리를 찾아오셨다. 만주(萬主)의 주요, 만왕(萬王)의 왕이신 분이 찾아오신 것이다. 그런데 우리에게 성령님이 임하셨건만 우리는 마치 그분이 계시지 않는 것처럼 그분을 무시한다. 우리는 그분께 저항하면서 불순종하고, 그분이 주시는 감동의 불을 꺼버리고, 원칙을 희생하면서 타협한다. 때때로 우리는 그분에 대한 설교를 듣고 더욱 많이 배우고 실천하겠다고 결심하지만, 결국에는 이런 결심이 약해지고 다시 옛날의 완전히 무기력한 상태로 돌아가고 만다. 우리는 거룩한 보혜사에게 저항한다. 그분은 우리를 위로하기 위해 오신 분이시다. 그분은 가르침의 영이시기 때문에 가르치기 위해 오셨다. 그분은 빛의 영이시기 때문에 빛을 비추어주기 위해 오셨다. 그분은 거룩함의 영이시기 때문

에 정결함을 주신다. 그분은 능력의 영이시기 때문에 능력을 주기 위해 오셨다.

성령님은 이런 복들을 우리에게 주기 위해 오셨으며, 우리가 이런 복들을 체험하기를 원하신다. 성령님은 우리의 교파가 무엇인지를 묻지 않으신다. 그분은 우리가 칼빈주의자인지 아르미니우스주의자인지를 묻지 않으신다. 다만 성령님은 우리가 불순종을 버리고 순종하는 마음으로 성령님의 말씀에 귀를 기울이려는 의지를 갖고 있는지를 물으신다.

당신은 성령님의 감동의 불을 끄는 행위를 중지하려는 마음을 가지고 있는가? 당신은 그분을 향한 저항을 포기하려는 마음을 가지고 있는가? 그분은 당신이 순종하는 마음으로 두 손을 들고 "저는 하나님이 임재하신 것을 믿습니다"라고 말하기를 원하실 뿐이다. 성령님을 마시고, 성령님이 찾아와 당신의 삶에 충만하시도록 순종하라.

내가 이렇게 말하니까 당신은 "성령님이 임재하시는 삶이 겨우 그런 것이냐?"라고 물을지 모르겠다. 그렇다. 나의 이런 얘기가 당신이 어딘가에서 성령 충만에 관해 들은 얘기만큼 극적(劇的)이거나 다채롭게 들리지는 않을 것이다. 그러나 이것이 성령님이 임재하시는 삶이다. 성령님은 이 땅에 오셨고, 아직도 여기에 계신다. 성령님이 우리에게 원하시는 모든 것은 우리의 뜻을 굽히고 순종하고 우리의 마음을 여는 것이다. 우리가 이렇게 할 때 성령님이 즉시 우리를 충만케 하실 것이고, 우리의 삶은 변할 것이다.

성령님이 우리에게 원하시는 모든 것은 우리의 뜻을 굽히고 순종하고 우리의 마음을 여는 것이다. 우리가 이렇게 할 때 성령님이 즉시 우리를 충만케 하실 것이고, 우리의 삶은 변할 것이다.

A.W. TOZER

THE COUNSELOR

4부

보혜사 성령님과
늘 동행하는가?

|||

그리스도를 믿는다고 고백하는 신자들은 하나님의 백성이 하나님과 동행하기를 원한다고 믿고 싶어 한다.

그러나 그들의 기대와는 달리 많은 하나님의 백성은 하나님과 화합하여 동행하기를 원하지 않는다.

그렇기 때문에 그토록 많은 신자들에게서 성령님의 능력과 평안이 발견되지 않는 것이다.

그러므로 나는 "우리가 사랑과 순종 가운데 하나님과 동행하기를 정말 원하는가?" 라고 묻고 싶다.

인간적인 지식으로 성령님을
이해하려는 모든 시도를 중단하라

|||

인간의 지성이 성령님의 일들을 전혀 알 수 없다는 것을 설명하기는 어렵지 않다.
하나님의 일들을 이해하는 것은 영인데,
인간의 영이 죄 때문에 죽었기 때문에 인간은 하나님의 일들을 이해할 수 없는 것이다.

성령님을 통해서 하나님의 일들을 알 수 있다

"요한이 대답하여 가로되 만일 하늘에서 주신 바 아니면 사람이 아무것도 받을 수 없느니라"(요 3:27).

이 말씀을 연구할 때 우리는 두 가지를 명심해야 한다. 하나는 하나님의 일들을 이해할 수 있는 능력이 우리 인간들에게 없다는 것이고, 또 다른 하나는 이 능력이 하늘로부터 우리에게 주어질 수 있다는 것이다.

성경은 영적인 일들이 베일(veil)에 감추어져 있다고 분명히 가르친다. 그런데 그것들을 이해하고 붙들 수 있는 능력이 본래 인간에게는 없다. 영적인 일들에 관한 한, 인간은 본질적으로 능력의 한계에 부딪힌다. 그에게는 교리, 성경본문, 증거들, 신조(信條)들 그리고 신학이 주어지고 그는 이런 것들을 쌓아서 벽을 만들지만, 그 벽에는 문(門)이 없다. 그는 어둠 가운데 서 있는데, 그에게 있는 것은 오직 하나님에 대한 지적(知的)인 지식뿐이기 때문이다. 그에게는 하나님에 대한 참 지식이 없는데, 왜냐하면 하나님에 대한 지적(知的)인 지식은 성령님이 계시해주시는 지식과 다르기 때문이다.

교회에서 성장기를 보내고 교리문답을 배우고 교회가 제공하는 모든 프로그램에 참여할지라도 하나님을 전혀 모를 수 있다. 왜냐하면 이런 것들을 통해 하나님을 알 수 있는 것이 아니기 때문이다. 하나님의 영이 우리를 도와주시지 않으면 우리는 하나님의 일들을 알 수 없고 영적 맹목(盲目)의 상태에 머물 뿐이다.

성령님은 사도 바울을 통해 "이와 같이 하나님의 사정도 하나님의 영 외에는 아무도 알지 못하느니라"(고전 2:11)라고 말씀하셨다. 하나님은 자기 자신을 아신다. 성령님이 하나님이시기 때문에 성령님은 하나님을 아신다. 성령님을 통하지 않고는 아무도 하나님을 알 수 없다. 이 진리를 인정하지 않는 사람은 영적인 일들을 조금도 알 수 없다.

교회의 모든 선생들이 인간의 지성이 성령님의 일들을 전혀
알 수 없다는 것을 깨달으면 얼마나 좋겠는가! 인간의 지성이
성령님의 일들을 전혀 알 수 없다는 것을 설명하기는 어렵지
않다. 하나님의 일들을 이해하는 것은 영(靈)인데, 인간의 영이
죄 때문에 죽었기 때문에 인간은 하나님의 일들을 이해할 수
없는 것이다.

인간의 지성이 하나님의 일들을 이해할 수 없다는 나의 말은
이해하기 힘든 이야기가 아니다. 예를 들어, 지금 우리 앞에서
교향악이 연주된다고 가정해보자. 우리가 우리의 눈으로써 이
교향악을 들을 수 있는가? 하나님께서 눈을 주신 것은 들으라
고 주신 것이 아니라 보라고 주신 것이다!

우리 앞에서 일출(日出)의 광경이 아름답게 펼쳐진다고 해도
우리가 그것을 귀로 볼 수 있는 것은 아니다. 하나님께서 귀를
주신 것은 보라고 주신 것이 아니라 들으라고 주신 것이다. 하
나님은 우리가 음악, 친구들의 음성, 아이들의 웃음소리 그리
고 새들의 노랫소리를 들을 수 있도록 귀를 주신 것이다. 그러
나 하나님이 눈을 주신 것은 눈으로 볼 수 있는 것들을 보라고
주신 것이다. 하나님은 이 두 가지 감각기관을 결코 혼동하시
지 않는다.

만일 어떤 사람이 많은 사람들 앞에서 "우리의 귀는 눈에 보이는 자연을 볼 수 없습니다"라고 말한다 할지라도 아무도 동요하지 않을 것이다. 아무도 일어나 "저 사람은 신비주의자이다!"라고 소리치지 않을 것이다. 왜냐하면 그는 너무나 당연한 사실, 즉 일반적인 과학적 사실을 말했기 때문이다.

내가 "하나님이 우리에게 주신 지성은 하나님을 이해하라고 주신 것이 아니다. 하나님은 우리가 하나님을 이해할 수 있도록 다른 방법을 마련해놓으셨다"라고 말할 때, 나는 결코 무슨 심오한 얘기를 하는 것이 아니다.

이 문제와 관련하여 성경의 한 구절을 살펴보자. 종종 어떤 것에 대해 설명을 들은 다음 성경구절을 찾아보면 그 의미가 더욱 분명히 새겨진다. 이사야서 55장 8,9절을 읽어보자.

"여호와의 말씀에 내 생각은 너희 생각과 다르며 내 길은 너희 길과 달라서 하늘이 땅보다 높음같이 내 길은 너희 길보다 높으며 내 생각은 너희 생각보다 높으니라."

고린도전서 2장 14절도 이렇게 말한다.

"육(肉)에 속한 사람은 하나님의 성령의 일을 받지 아니하나니 저희에게는 미련하게 보임이요 또 깨닫지도 못하나니 이런 일은 영적(靈的)으로라야 분변함이니라."

자연인(自然人), 즉 심리적 차원에 머무는 사람, 마음의 사람,

지성의 사람은 하나님의 영의 일들을 이
해하지도 못하고 받아들이지도 못한다.
그것들이 그에게는 미련한 것으로 보인
다. 그는 그것들을 깨달을 수 없는데, 왜
냐하면 영적으로 분별되어야 하는 것들

우리가 하나님을 이해할 수 있도
록 하나님이 주신 것은 성령이고,
우리가 신학을 이해할 수 있도록
하나님이 주신 것은 지성이다.

이기 때문이다. 우리가 하나님을 이해할 수 있도록 하나님이
주신 것은 성령이고, 우리가 신학을 이해할 수 있도록 하나님
이 주신 것은 지성이다. 우리는 이 차이를 알아야 한다. 요한복
음 16장 12-14절에서 예수님은 이렇게 말씀하셨다.

"내가 아직도 너희에게 이를 것이 많으나 지금은 너희가 감당
치 못하리라 그러나 진리의 성령이 오시면 그가 너희를 모든
진리 가운데로 인도하시리니 그가 자의로 말하지 않고 오직 듣
는 것을 말하시며 장래 일을 너희에게 알리시리라 그가 내 영광
을 나타내리니 내 것을 가지고 너희에게 알리겠음이니라."

하나님의 일들은 성령님이 감당하신다

이제, 우리에게 하나님과 예수님을 계시하시는 분이 하나님
의 영이라는 것이 분명해졌다.

고린도전서 2장 6-9절을 보자.

"그러나 우리가 온전한 자들 중에서 지혜를 말하노니 이는

이 세상의 지혜가 아니요 또 이 세상의 없어질 관원의 지혜도 아니요 오직 비밀한 가운데 있는 하나님의 지혜를 말하는 것이니 곧 감취었던 것인데 하나님이 우리의 영광을 위하사 만세 전에 미리 정하신 것이라 이 지혜는 이 세대의 관원이 하나도 알지 못하였나니 만일 알았더면 영광의 주를 십자가에 못 박지 아니하였으리라 기록된바 하나님이 자기를 사랑하는 자들을 위하여 예비하신 모든 것은 눈으로 보지 못하고 귀로도 듣지 못하고 사람의 마음으로도 생각지 못하였다 함과 같으니라."

사람들은 앞으로 더 나아가야 할 때에 나아가지 않고 멈추는 경향이 있다. 방금 인용한 고린도전서 2장 6-9절을 읽을 때도 이런 경향이 나타난다. 성경구절을 암송할 때 흔히 사람들은 고린도전서 2장 9절까지만 외우고 그 다음 절들을 잘라버리곤 한다. 다시 말해서, 그들은 " ··· 생각지 못하였다 함과 같으니라"까지만 외우고 그 다음 절들을 외면한다. 그러나 성경은 고린도전서 2장 9절에서 멈추지 않는다. 고린도전서 2장 9절 다음에는 '그러나'(but)라는 접속사가 이어지면서 고린도전서 2장 10절에는 "오직 하나님이 성령으로 이것을 우리에게 보이셨으니"라고 기록되어 있다(개역한글성경에는 '그러나'가 없다 - 역자 주). 하나님이 자기를 사랑하는 자들을 위하여 예비하신 모든 것은 눈으로 보지 못하고 귀로도 듣지 못하고 사람의 마음으로도 생각지 못하였지만(but), 하나님이 성령으로 우리에게 보이셨다. 영적인 일들은 눈이나 귀나 심지어 지성으로도 이해될 수 없는 것들이다. 영적인 일들은 성령님에 의해 계시될 뿐인데, "성령은 모든 것 곧 하나님의 깊은 것이라도 통달하시기"(고전 2:10) 때문이다.

이 진리를 설명하기 위해 바울은 그 다음 11절에서 예를 든다. "사람의 사정을 사람의 속에 있는 영 외에는 누가 알리요."

이것이 바로 우리가 '직관'(直觀)이라고 부르는 것이다. 우리는 '직관'이라는 단어를 사용하기를 두려워해서는 안 된다. 하나님이 나를 도우시기 때문에 나는 어떤 단어라도 사용하기를 두려워하지 않는다. 다시 말하지만, 나는 '직관' 또는 '직관적으로 알다'라는 단어를 두려워하지 않는다. 왜냐하면 바로 '직관'을 통해서 나는 내가 다른 사람이 아니라 바로 나라는 것을 알 수 있기 때문이다.

당신은 당신이 다른 사람이 아니라 바로 당신 자신이라는 것을 어떻게 아는가? 당신과 똑같이 생긴 사람이 열네 명 있다고 가정해보자. 당신은 그들 앞에서도 결코 놀라지 않을 것이다. 오히려 당신은 빙그레 웃으며 "열네 명이 나와 똑같이 생겼다니… 우연치고는 정말 대단한 우연이다!"라고 소리칠 것이다. 나와 똑같이 생긴 사람이 열네 명 있다면 나의 아내가 나를 알아보지 못할 수도 있겠지만, 나는 결코 나 자신을 못 알아보지 않는다. 당신이 당신이라는 것을 알 수 있는 것은 바로 '직관' 때문이다. 당신이 누구인지를 알기 위해 당신의 가족이 옛날에 읽던 성경을 뒤적일 필요는 없다. 당신은 당신이 누구인지를 안다. 당신이 어릴 적에 고아가 되었다면 당신의 부모가 누구인지는 몰라도 당신이 당신 자신을 모를 수는 없는데, 바로 당신의 '직관' 때문이다. 당신은 당신이 살아 있다는 것을 안다. 당신이 살아 있다는 것을 확인하기 위해 추론(推論)할 필요는 없다.

　그렇다면 이제 그것을 오늘날의 교회 상황에 적용해보자. 오늘날의 교회는 우리 머리로 이해할 수 없는 것들이 있다는 사실을 인정하지 않기 때문에 우리의 머리로 그것들을 이해하기 위해 애를 쓴다. 하나님이 우리에게 주신 머리는 선한 것이다. 우리의 머리를 모자걸이처럼 사용하는 것이 하나님의 뜻은 아니다. 하나님은 우리에게 뇌(腦)를 주셨는데, 뇌에는 우리가 '지성'이라고 부르는 기능이 있다. 지성에게는 그것이 감당할 수 있는 고유한 일들이 있지만, 하나님의 일들은 지성이 감당할 분야가 아니다. 하나님의 일들을 감당하시는 분은 성령님이시다.

지성을 통해 영적인 진리를 이해할 수 있다고 믿는 현대의 정통주의는 큰 잘못을 범했다. 우리는 이것을 결코 잊지 말아야 한다. 이런 잘못된 개념은 광범위한 영향을 끼쳤는데, 우리의 설교, 기도, 찬송, 활동 및 사고방식에서 그 영향이 나타난다.

1. 성경공부에 대한 오해

우리는 성경공부를 하면 우리의 영적 이해를 가로막는 베일이 벗겨질 것이라는 착각에 빠져 있다. 신학교에 입학하면 신론(神論), 구약개론, 신약개론, 신약과 구약의 관계 같은 과목들을 배운다. 별의별 이름이 다 붙은 과목들이 많은데, 이런 과목들을 공부하다 보면 누구나 자기가 꽤 유식해진 것 같다는 착각에 빠지기 쉽다. 그러나 성령님이 주시는 내적 조명을 받지 못한다면 우리는 아무것도 깨닫지 못한다. 왜냐하면 우리의 성경공부 자체가 진리를 덮고 있는 베일을 벗기거나 관통할 수 없기 때문이다. 성경은 "성경을 연구하는 사람 외에는 아무도 하나님의 일들을 알 수 없다"라고 말하지 않는다. 성경은 성령님을 통하지 않고는 아무도 하나님의 일을 알 수 없다고 말한다.

성경기자들에게 영감(靈感)을 주어 그들로 하여금 성경을 기록하게 한 분은 성령님이시다. "우리가 성경을 이해할 수 있으려면 성령님이 성경기자들에게 영감을 주셨듯이 우리에게도 영감을 주셔야 한다"라는 말이 있다. 이 말이 어디에서 나왔는지 나는 잘 모르겠지만 아무튼 절대적으로 옳은 말이라고 생각한다. 디모데후서 3장 16절에서 바울은 "모든 성경은 하나님의 감동으로 된 것으로 교훈과 책망과 바르게 함과 의(義)로 교육하기에 유익하니"라고 말했다. 이것은 "만일 하늘에서 주신 바 아니면 사람이 아무것도 받을 수 없느니라"(요 3:27)라는 말씀이 옳다는 것을 확인시켜준다.

2. 방법에 대한 오해

우리는 서로를 설득하여 영적인 일들에 관심을 갖게 하고 그것들을 우리가 이해할 수 있는 수준으로 끌어내릴 수 있다고 믿지만 이것은 완전히 착각이다.

설교자가 세일즈맨이라고 말하는 사람들도 있다. 그들에 따르면, 설교자는 복음을 파는 세일즈맨이라는 것이다. 그러나 하나님께서 영혼들을 구원하실 때 사용하시는 방법이 세일즈맨이 자동차를 팔 때 사용하는 방법과 똑같다고 내게 말하지 말라. 나는 그따위 말을 믿지 않는다.

성령님은 인간의 차원과는 전혀 다른 차원에서 일하신다. 그러므로 영혼들을 구원하는 것은 인간의 방법이 아닌 하나님의 방법에 따라 이루어져야 한다. 물론 우리가 교인들의 숫자를 늘릴 수는 있다. 우리가 사람들을 우리 편으로 만들고 그들로 하여금 우리의 각종 강좌들과 여름 수련회에 참석하게 만들 수도 있다. 그러나 이렇게 한다 할지라도 그것이 단지 기독교인의 숫자를 늘린 것에 지나지 않을 수 있다.

우리는 하나님에 대해서는 알지만 하나님 자신을 알지 못하는 사람들이 많을까 봐 두려워하지 않을 수 없다. 하나님에 대해 아는 것과 하나님을 아는 것은 하늘과 땅 차이다.

진정한 영혼구원은 성령님이 일하셔야 가능하다. 성령님이 사람들 안에서 일하시는 것이 바로 하나님께서 자신의 일을 하시는 것이다. 성경에 따르면, 하나님께서 하시는 일만이 영원한 가치를 갖는다.

우리의 육신을 사용하여 영적인 일들을 감당할 수 있다는 착각에 빠진 우리는 실제로 육신으로써 영적인 일들을 감당하겠다고 나선다. 우리는 신조(信條)를 믿지만 하나님을 인격적으로 알지 못할 수도 있다. 우리는 교리를 알지만 영적인 일들을 전혀 모를 수도 있다. 그러므로 우리는 하나님에 대해서는 알지만 하나님 자신을 알지 못하는 사람들이 많을까 봐 두려워하지 않을 수 없다. 하나님에 대해 아는 것과 하나님을 아는 것은 하늘과 땅 차이다. 내가 당신의 친척에 대해서 알 수 있지만, 그를 개인적으로는 알지 못한다. 내가 그를 만난 적이 없다면 나는 그가 가진 손의 감촉, 그의 눈빛, 그의 얼굴이 짓는 미소 그리고 그의 목소리를 알지 못한다. 나는 단지 그에 대해서 알 뿐이다. 당신이 그의 사진을 보여주고 그가 어떤 사람인지를 설명해준다 할지라도 나는 그를 모르는 것이다.

과학자는 벌레들에 대해서 안다. 그러나 지렁이나 기타 온갖 종류의 벌레들에 대해 책을 쓴다 할지라도 그가 아는 벌레는 한 마리도 없다. 그는 어떤 벌레하고도 의사소통을 할 수 없다. 당신에게 개 한 마리가 있다면 당신은 그 개가 갖고 있는 습성에 대한 모든 것을 알 것이다. 그러나 당신은 그 개를 알지는 못할 것이다. 개가 당신을 보고 반가워하고 혀를 내밀고 숨을 헐떡거릴 수는 있다. 그것이 지성을 갖춘 것으로 보일 수도 있지만, 어디까지나 그것은 개이다. 인간인 당신에게는 개의 세계로 들어갈 수 있는 기술, 재주 또는 기관(器官)이 없다. 당신이 개의 털을 빗어주고 귀에 장식품을 달아주고 씻어주고 먹일 수는 있다. 요컨대 당신은 개를 외형적으로는 알 수 있지만, 내가 지금 말하는 그런 의미에서 개를 알 수는 없다. 당신의 개도 당신을 알 수 없다. 개가 당신에 대해서 알 수는 있다. 예를 들면 그 개는 당신이 기뻐한다거나 자기에게 화를 내고 있다는 것을 알 수 있다.

때때로 나는 개들에게 거의 사람 수준에 이르는 양심이 있는 것 같다고 생각하기도 한다. 왜냐하면 때때로 개는 자기가 올바르게 행동했는지 잘못 행동했는지를 알기도 하기 때문이다. 그러나 개는 사람을 알지 못한다. 사람처럼 이해하고 깨달을 수 있는 능력이 개에게 없다.

인간은 하나님에 대해서 알 수 있고, 그리스도의 대속(代贖)의 죽음에 대해서 알 수 있고, 그리스도에 대해 책을 쓰고 찬송가를 만들 수 있고, 종교단체의 수장(首長)이 되고 교회의 중직을 맡을 수도 있다. 그러나 그는 가장 중요한 하나님과의 인격적 관계를 맺는 데 실패할 수 있다. 이런 관계는 오직 성령님을 통해서 만들어질 수 있다.

우리가 하나님에 대해서 아는 것과 하나님을 아는 것을 구별하지 못하기 때문에 우리에게는 두 분의 그리스도가 계시게 되었다. 한 분은 역사(歷史)의 그리스도와 신조(信條)의 그리스도이시며, 다른 한 분은 오직 성령님만이 계시하실 수 있는 그리스도이시다. 우리는 역사적 지식의 조각들을 서로 맞추어 예수님을 만들어낼 수는 없다. 이것은 불가능하다! 당신은 신약성경을 읽을지라도 그 속에서 살아 계신 그리스도를 만나지 못할 수도 있다. 당신은 그리스도가 하나님의 아들이라고 믿으면서도 그분을 살아 계신 분으로 만나지 못할 수도 있다. 오직 성령님이 그리스도를 계시하셔야 한다. 성령님을 통하지 않고는 누구도 하나님의 일들을 이해할 수 없다.

성령님이 내적 조명의 빛을 한번 비추어주시는 것이 신학교에서 5년 동안 공부하는 것보다 당신에게 예수님에 대해 더 많은 것을 깨닫게 해줄 것이다(물론 그렇다고 해서 내가 신학교의 가치를 부정하는 것은 아니다). 당신은 신학교에서 예수님에 대해 많은 것을 배울 수 있다. 사실 우리는 최선을 다해 예수님에 대해 배워야 한다. 우리는 최선을 다해 예수님에 대해 읽어야 한다. 예수님에 대해 읽는 것은 그리스도인으로서 우리가 마땅히 해야 할 선한 일이다. 그러나 성령님이 결정적으로 빛을 비추어주시지 않으면, 그리스도에 대한 많은 지식은 그야말로 지식으로 끝나버리고 만다.

성령님이 우리에게 그리스도를 계시해주기를 기뻐하시는 만큼만 우리가 그리스도를 알 수 있다. 왜냐하면 성령님을 통하지 않고는 그리스도가 계시될 수 없기 때문이다. 바울도 "우리가 이제부터는 … 그리스도도 육체대로 … 알지 아니하노라"(고후 5:16)라고 말하지 않았는가? 교회는 성령님이 그리스도를 계시해주실 때에만 그분을 알 수 있다.

잘못된 개념이 초래할 수 있는 악한 결과들

우리가 우리의 머리로, 즉 우리의 지적 능력으로 하나님을 알 수 있다는 착각은 몇 가지 악한 결과들을 초래한다.

우선 이런 착각에 빠진 사람들은 그리스도인의 삶과 자연인 (自然人)의 삶을 구별하지 못한다. 그들은 그리스도인의 삶이 자연인의 삶보다 단지 조금 더 즐겁고 고상하고 재미있는 삶이 라고 믿을 뿐이다.

우리의 지적 능력으로 하나님을 알 수 있다는 착각 때문에 어 떤 사람들은 우리 조상의 신앙을 철학과 동일시한다. 그들은 현대의 신지식(新知識) 운동을 강조함으로써 학문을 통해 교회 를 부활시켜보려고 노력하지만, 이는 완전히 잘못된 방향으로 시도하는 것이다. 왜냐하면 주 예수님에 대해 배우기 위해 철 학을 찾는 사람은 없기 때문이다.

사도 바울은 역사상 가장 학식이 풍부한 사람들 중 하나였 다. 심지어 어떤 사람들은 그가 역사상 가장 지적인 여섯 명의 사람들 중 하나라고 말하기도 한다. 이런 바울이 고린도교회에 무엇이라고 말했는가? 그는 "형제들아 내가 너희에게 나아가 하나님의 증거를 전할 때에 말과 지혜의 아름다운 것으로 아니 하였나니 … 내 말과 내 전도함이 지혜의 권하는 말로 하지 아 니하고 다만 성령의 나타남과 능력으로 하여"(고전 2:1,4)라고 말했다.

누군가의 논리적 설득에 의해 당신이 기독교를 받아들였다면, 어떤 지혜로운 사람이 나타나 역시 논리적 설득에 의해 당신으로 하여금 기독교를 버리게 만들 수도 있을 것이다. 그러나 성령님의 조명에 의해 당신이 그리스도를 만나고 당신이 하나님의 자녀임을 직관(直觀)으로 알게 되었다면, 그 누구도 논리적 설득을 통해 당신의 신앙을 허물 수 없다. 왜냐하면 성경본문뿐만 아니라 성령님의 내적 조명도 당신이 하나님의 자녀임을 말해주기 때문이다.

> 누군가의 논리적 설득에 의해 당신이 기독교를 받아들였다면, 어떤 지혜로운 사람이 나타나 역시 논리적 설득에 의해 당신으로 하여금 기독교를 버리게 만들 수도 있을 것이다.

둘째, 인간의 지적 능력을 맹신(盲信)하게 된다.

젊은 시절에 나는 무신론(無神論)에 대한 대부분의 책들을 읽었다. 내게는 성경책과 찬송가책 그리고 다른 몇 권의 책들이 있었는데, 그중에는 앤드류 머레이(Andrew Murray, 1828~1917. 남아프리카 출신의 목사이자 저술가로서 19세기 네덜란드개혁교회에서 지도적 역할을 했다)와 토마스 아 켐피스의 책도 있었다. 나는 독서를 통해 최대한 독학을 했다. 나는 위대한 사상가들의 사상에 대해 읽었는데, 그들 중 많은 사람들은 하나님과 그리스도를 믿지 않았다. 나는 화이트(White)의 「과학과 기독교의 싸움」(Warfare of Science with Christianity)이라는 책을 읽었다. 만일

이 책을 읽은 사람이 "나는 구원받았습니다"라고 말할 수 있다면 그는 그가 읽은 것 때문에 구원받은 것이 아니라 그의 안에서 그에게 "너는 구원받았다"라고 말씀하시는 성령님에 의해 구원받은 것이다.

> 나의 신앙은 나의 머리에 있지 않고 나의 마음에 있다. 신앙이 머리에 있는 것과 마음에 있는 것에는 큰 차이가 있다.

사실 내가 읽은 책들을 저술한 대부분의 철학자들과 사상가들은 나의 논리를 철저히 무력화시키고 나의 말문을 완전히 막아버릴 수 있을 정도로 뛰어난 지적 능력을 가지고 있었다. 만일 그들이 순전히 인간이 가진 이성(理性)의 차원에서만 사람들과 논쟁을 벌인다면 사람들은 패배를 시인하고 집으로 가서 자기의 성경을 선반에 얹어놓으면서 "이제 성경을 읽을 필요는 없다"라고 중얼거릴 것이다. 그러나 만일 내가 사상의 대가(大家)들이 집필한 책의 한두 장(章)과 그들의 핵심적 주장을 읽는다면 그 다음에는 어떻게 행동하겠는가? 나는 무릎을 꿇고 눈물을 흘리며 하나님께 "하나님! 저 책들이 무엇이라고 말하든지 간에 저는 나의 주(主, Lord)요, 구주(救主, Savior)이신 하나님을 압니다"라고 고백하며 감사할 것이다!

나의 신앙은 나의 머리에 있지 않고 나의 마음에 있다. 신앙이 머리에 있는 것과 마음에 있는 것에는 큰 차이가 있다. 만일 우리의 신앙이 머리로 믿는 것이라면 철학이 우리에게 어느 정도 도움을 줄 수도 있다. 그러나 신앙이 마음으로 믿는 것이라면 철학이 할 수 있는 것은 오직 겸손히 옆으로 물러서서 모자를 벗어 들고 "거룩하다 거룩하다 거룩하다 주 하나님 곧 전능하신 이여"(계 4:8)라고 외치는 것뿐이다.

셋째, 과학에 의지하여 기독교를 증명하려 한다.

우리가 우리의 지적 능력으로 하나님을 알 수 있다는 착각이 초래할 수 있는 또 다른 악한 결과는 과학의 힘에 의지하여 기독교를 증명하려는 시도이다. 이미 오래전부터 복음주의적 교회는 과학에서 도움을 받으려고 안간힘을 써왔다. 그러나 이런 시도는 기독교에 담긴 신적(神的) 요소들을 조사하고 판단할 수 있는 기술이 과학에게 없다는 것을 알지 못하기 때문에 생긴다.

신적(神的)인 것들, 즉 하나님의 일들은 과학이 조사하고 검증할 수 있는 것들이 아니다. 다시 말하면, 하나님의 일들을 조사하고 검토할 수 있는 능력이 과학에는 없다. 과학이 인공위성과 우주선을 만들 수는 있다. 하지만 이런 것들은 인간의 눈으로 볼 때에 놀라운 것이지, 하나님의 일들에 대해서는 무력하기 짝이 없다. 그러나 기독교는 기적이요, 정말 놀라운 것이요, 하늘로부터 온 것이다. 기독교는 베드로의 보자기처럼(행 10:9-12) 하늘로부터 내려온 것이기 때문에 이 세상에 의존하는 것도 아니고 이 세상에 속한 것도 아니다. 기독교는 에스겔의 환상에 나오는 물들처럼 하나님의 보좌로부터 온 것이다.

그렇지만 과학은 기독교의 이런 본질을 알지 못한다. 과학은 한발 뒤로 물러서서 기독교를 조사하지만 아무것도 알지 못한다. 하나님이 주시는 내적(內的) 직관을 갖지 못하는 사람들, 기독교의 기적을 이해하지 못하는 사람들은 과학으로 달려갈 수밖에 없다. 이렇게 과학에 의지하는 사람들 중 어떤 이들은 "우리는 기적을 믿고 싶습니다. 그러나 우리는 기적을 입증하는 과학적 증거가 제공될 때 기적을 믿을 것입니다"라고 말한다.

어떤 사람이 해변으로 밀려온 큰 물고기를 발견한다. 그는 줄자를 가지고 물고기의 입 안으로 들어가 식도의 직경을 잰다. 식도의 직경이 사람의 어깨만큼 넓은 것을 확인한 그는, "큰 물고기가 요나를 삼킬 수 있었다"라고 말한다. 이 사람과 똑같은 사람들이 바로 "우리는 기적을 믿고 싶지만 기적을 입증하는 과학적 증거를 원합니다"라고 말하는 사람들이다.

나는 기적들을 믿는다. 나는 기독교의 모든 기적들을 믿지만, 과학이 그것들을 증명해주기 때문에 믿는 것은 아니다. 내가 기적들을 믿는 것은 하나님께서 그것들에 대해 성경에 자세히 기록해놓으셨기 때문이다. 나는 성경에 기록되어 있기 때문에 기적들을 믿는다.

어쩌면 당신은 "발람의 나귀가 그에게 말을 했다는 성경의 기록은 거짓이다. 왜냐하면 나귀의 후두(喉頭)는 인간의 언어를 발음할 수 없기 때문이다"라고 말하는 두 과학자에 대해 들어보았을지도 모른다. 그들의 말을 엿들은 한 스코틀랜드 사람이 그들에게 다가가 "당신들이 나귀를 만들면 내가 그 나귀로 하여금 말을 할 수 있게 해주겠소"라고 말했다고 한다. 이 스코틀랜드 사람의 말이 얼마나 지혜로운가! 하나님이 나귀를 만드셨다면 그분은 또한 나귀로 하여금 말을 할 수 있게 하실 수 있다! 기독교는 오직 예수 그리스도라는 반석 위에 설 수 있을 뿐이다. 이와 마찬가지로, 기독교를 받아들이는 것도 오직 성령님의 조명을 통해서만 가능하다.

만일 오순절에 성령님이 오시지 않았다면 베드로는 언제까지나 이성적(理性的)으로 따지기만 하다가 아무것도 확신하지 못했을 수도 있다. 그러나 오순절에 성령님이 그에게 임하셨을 때 그는 일어나 "너희가 십자가에 못 박은 이 예수를 하나님이 주와 그리스도가 되게 하셨느니라"(행 2:36)라고 외쳤다. 그는 성령님을 통해서 이 진리를 깨달았던 것이다.

인간의 지성으로써 하나님의 일들을 이해하려는 시도가 초래할 수 있는 또 다른 악영향은 성령의 내적 조명이 없을 때 인간의 위대함을 장려하게 된다는 것이다. "성공한 사람들이 그리스도를 믿으므로 기독교는 진리이다"라는 논리에 기초하여 기독교를 변증하는 글들이 많이 쏟아져 나왔다. 그리스도를 믿는 정치인이 생기면 우리는 그의 이야기를 이런저런 잡지들에 기고하면서 "아무개 국회의원이 그리스도를 믿는다"라고 나발을 분다. 이렇게 떠들어대는 사람들의 사고(思考)의 밑바닥에는 "유명한 사람이 그리스도를 믿는다면 그리스도는 진리가 아닐 수 없다"라는 논리가 깔려 있다. 그러나 언제 그리스도께서 국회의원의 도움에 의지하여 일하셨는가?

형제들이여! 속지 말라. 예수 그리스도는 유일무이(唯一無二)한 최고의 존재로 홀로 서신다. 그분은 스스로를 입증하신다. 그리고 성령님이 그분을 하나님의 영원한 아들로 선포하신다. 그러므로 왕, 대통령, 장관, 국회의원, 귀족, 귀부인, 스포츠 스타 그리고 은막(銀幕)의 스타도 모두 그리스도의 발아래 무릎을 꿇고 "거룩하다 거룩하다 거룩하다 주 하나님 곧 전능하신 이여"(계 4:8)라고 외쳐야 한다.

형제들이여! 그들로 하여금 이렇게 하도록 만들 수 있는 분은

나는 위대하다는 사람들 앞에 절
하지 않는다. 다만 진정으로 위
대한 분, 즉 예수 그리스도 앞에
절할 뿐이다. 당신이 인자(人子)
를 경배하는 법을 배웠다면 다른
인간들을 결코 경배하지 않을 것
이다.

오직 성령님이시다. 그러므로 나는 위대하다는 사람들 앞에 절하지 않는다. 다만 진정으로 위대한 분, 즉 예수 그리스도 앞에 절할 뿐이다. 당신이 인자(人子)를 경배하는 법을 배웠다면 다른 인간들을 결코 경배하지 않을 것이다.

내적 기름부음을 통해 하나님을 아는 지식을 배워야 한다

성령님이 계시지 않는 곳에는 어둠뿐이다. 성령님이 계신 곳에만 하나님의 생명이 있다. 당신의 신앙이 신약성경의 신앙이 되려면, 그리스도께서 지성의 그리스도가 아니라 하나님의 그리스도가 되시려면, 우리는 베일을 젖히고 안으로 들어가야 한다. 성령님의 조명이 우리의 마음을 가득 채울 때까지 우리는 베일을 젖히고 안으로 밀고 들어가야 한다. 그러면 우리는 그곳에서 사람들의 발아래에서가 아니라 그리스도의 발아래에서 배우게 될 것이다.

이제 나와 함께 요한일서 2장 27절 말씀을 살펴보자.

"너희는 주께 받은바 기름부음이 너희 안에 거하나니 아무도 너희를 가르칠 필요가 없고 오직 그의 기름부음이 모든 것을 너희에게 가르치며 또 참되고 거짓이 없으니 너희를 가르치신 그대로 주 안에 거하라."

여기에서 우리는 "아무도 너희를 가르칠 필요가 없고 오직 그의 기름부음이 모든 것을 너희에게 가르친다"라는 말을 어떻게 해석해야 하는가? 우리는 이 말을 "선생이 필요 없다"라는 뜻으로 해석해서는 안 된다. 왜냐하면 이 말을 한 사람 자신이 선생이었으며, '가르치는 것'이 성령의 은사들 중 하나이기 때문이다. 이 말의 뜻은 우리가 하나님을 아는 지식을 외부로부터 배울 수 없다는 것이다. 우리는 이 지식을 '내적(內的) 기름부음'을 통해 받아야 한다. 우리는 사람들의 증거를 받을 필요가 없다. 우리에게 필요한 것은 '내적 기름부음'을 통해 주어지는 증거이다.

바울은 "십자가의 도가 멸망하는 자들에게는 미련한 것이요 구원을 얻는 우리에게는 하나님의 능력이라 기록된바 내가 지혜 있는 자들의 지혜를 멸하고 총명한 자들의 총명을 폐하리라 하였으니"(고전 1:18,19)라고 말했다. 또한 그는 "하나님의 지혜에 있어서는 이 세상이 자기 지혜로 하나님을 알지 못하는 고로"(고전 1:21)라고 말하고, 다시 "하나님의 미련한 것이 사람보다 지혜 있고 하나님의 약한 것이 사람보다 강하니라"(고전 1:25)라고 말했다.

바울은 또한 우리에게 이렇게 분명히 말한다.

"그러나 하나님께서 세상의 미련한 것들을 택하사 지혜 있는 자들을 부끄럽게 하려 하시고 세상의 약한 것들을 택하사 강한 것들을 부끄럽게 하려 하시며 하나님께서 세상의 천한 것들과 멸시 받는 것들과 없는 것들을 택하사 있는 것들을 폐하려 하시나니 이는 아무 육체라도 하나님 앞에서 자랑하지 못하게 하려 하심이라" (고전 1:27-29).

이 말씀에서 알 수 있듯이, 성령님은 아담의 모든 육신, 인간의 모든 총명함, 인간의 모든 인격적 훌륭함 그리고 인간의 능력과 효율성을 배격하신다. 그 결과, 기독교는 끊임없는 기적에 의해 일할 수밖에 없는데, 하나님의 사람, 즉 성령 충만한 하나님의 사람의 끊임없는 기적이다. 세상 사람들은 이런 사람을 이해하지 못한다. 하나님의 사람은 이 세상에서 이방인으로 취급받는다. 그는 '중생'(重生)이라는 기적과 성령의 조명에 의해 이 세상으로 들어왔기 때문에 그의 삶은 세상 사람들의 삶과 완전히 다르다.

성령님은 우리가 그리스도를 높이는 일에 동참하신다

지금 내가 한 말에 대한 성경적 근거를 알기를 원하는가? 그러면 고린도전서 2장 15절을 읽어보라. 거기에서 바울은 "신령한 자는 모든 것을 판단하나 자기는 아무에게도 판단을 받지 아니하느니라"라고 말한다. 신령한 자는 모든 것을 판단할 수 있는 통찰력을 가지고 있지만, 그 자신은 그 누구에게도 판단을 받지 않는다. 그렇기 때문에 바울은 "누가 주의 마음을 알아서 주를 가르치겠느냐 그러나 우리가 그리스도의 마음을 가졌느니라"(고전 2:16)라고 말한다. 진리는 이토록 분명한 것이다.

그렇다면 이제 우리는 이 진리를 어떻게 적용할 것인가? 우리는 이 진리에 대해 이러쿵저러쿵 논의해야 하는가? 우리는 이 진리가 선한 것이라고 말하고 말 것인가? 우리는 이 진리에 대해 우리의 임의대로 어떻게 할 것인가? 우리는 우리가 가진 인격의 문(門)을 열 것인가? 그 문을 거칠게 열어젖힐 것인가? 도대체 우리는 어떻게 해야 하는가?

오! 우리는 두려워할 필요가 없다. 성령님은 조명의 빛을 비추어주는 분이시다. 그분은 우리의 마음 안으로 비쳐지는 빛이시다. 성령님이 한순간에 빛을 비추어주시면 우리는 그분 없이 평생 배우는 것보다 더 많이 하나님을 알게 된다. 성령님이 오시면, 우리가 이제까지 배운 모든 것과 우리가 지금 배우는 모든 것이 우리의 모든 인격과 모든 신조(信條)와 모든 사고(思考)에서 제자리를 찾을 것이다. 성령님이 오시면, 우리는 우리가 배운 것을 하나도 헛되이 하지 않을 것이다. 우리에게 찾아오신 성령님은 우리가 배운 진리를 결코 내던지시지 않을 것이다. 오히려 그분은 그 진리에 불을 붙이실 것이고, 제단의 불이 활활 타오르게 하실 것이다.

거룩하신 성령님은 우리가 그리스도를 높여드리기를 원하신다. 우리가 그리스도를 높일 때 성령님도 그리스도를 높이실 것이다. 성령님은 기다리신다. 우리가 그분에게 우리 마음의 문을 활짝 열어드리면 새로운 태양이 우리 위에 떠오를 것이다. 나는 개인적 체험을 통해 이것을 알고 있다. 하나님께서 나를 통해 일하셨던 때를 돌이켜보면, 그것은 땅이나 바다에 속하지 않는 빛이 나의 어둠 속으로 뚫고 들어왔던 저 엄숙하고 놀랍고 외경스러운 때였다(이 빛에 대해 요한은 요한복음 1장 9절에서 "참빛 곧 세상에 와서 각 사람에게 비취는 빛"이라고 증거했다). 이때는 내가 회심(回心)한 때가 아니었다. 나는 그 이전에 이미 회심했다. 이때는 나의 회심 이후였다. 당신도 나처럼 이런 체험이 있는가?

10장

성령님과 동행하는
법을 훈련하라

"나는 성령님과 동행하는 법을 훈련하는 데 관심이 있습니다"라고
말하는 사람들이 교회 안에 많이 있지만,
그들은 실제 그렇게 되기 위하여 모든 것을 포기하는 데에는 인색하다.

모든 것을 얻기 위해 모든 것을 포기하라

"두 사람이 의합지 못하고야 어찌 동행하겠으며"(암 3:3).

그리스도를 믿는다고 고백하는 신자들은 하나님의 백성이 하나님과 동행하기를 원한다고 믿고 싶어 한다. 그러나 그들의 기대와는 달리 많은 하나님의 백성은 하나님과 화합하여 동행하기를 원하지 않는다. 그렇기 때문에 그토록 많은 신자들에게서 성령님의 능력과 평안이 발견되지 않는 것이다. 그들에게서는 하나님의 영이 주실 수 있는 선한 특징과 은사와 유익이 나타나지 않는다. 그러므로 나는 "우리가 사랑과 순종 가운데 하나님과 동행하기를 정말 원하는가?"라고 묻고 싶다.

우리가 하나님과 화합하지 못하면 하나님과 동행할 수 없다. 다시 말해서 우리가 하나님과 화합하지 못하면 우리는 조화와 축복과 열매 맺음 가운데 하나님과 동행하지 못할 것이다. "나는 성령님과 동행하는 법을 훈련하는 데 관심이 있습니다"라고 말하는 사람들이 교회 안에 많이 있지만, 그들은 실제 그렇게 되기 위하여 모든 것을 포기하는 데에는 인색하다. 즉, 그들은 온전히 하나님만을 바라보며 하나님과 동행하기를 원하지 않는다.

존 번연(John Bunyan, 1628~1688. 영국의 청교도로서 불후의 명작 「천로역정」을 썼다)의 위대한 알레고리 작품에는 '양다리 걸치는 사람'(Mr. Facing Bothways)이 종종 등장한다. 존 번연은 양다리 걸치는 어려운 일에 성공하려고 발버둥 치는 그리스도인들이 아주 많다는 것을 간파했다. 우리도 번연처럼 이 사실을 간파해야 한다. 이런 그리스도인들은 그리스도를 원하는 동시에 세상을 어느 정도 원한다. 그들은 주님이 그들의 길을 방해하시는 것을 허락하지만, 그들 자신도 주님의 길을 방해한다. 그러므로 모든 것을 얻기 위해 모든 것을 포기하겠다는 자세가 되어 있지 않으면 성령 충만한 삶에 대해 이야기하는 것은 아무 소용이 없다.

"두 사람이 의합지 못하고야 어찌 동행하겠느냐"라는 말은 수사의문문(修辭疑問文)이다. 이 수사의문문에는 서로 화합하지 못하는 사람들이 동행할 수 없다는 뜻이 담겨 있다. 다시 말해서 이 수사의문문은 두 사람이 동행하려면 어떤 점에서 그들이 하나가 되어야 한다고 역설하는 것이다.

두 사람이 동행하려면 자기들이 동행하기를 원한다는 것을 인정해야 한다. 다시 말해서 함께 동행하기를 원하는 사람들은 그 동행이 자기들에게 유익이 된다는 것을 인정해야 한다. 이제 당신은 두 사람이 자발적으로 동행하기 위해서는 그들이 하나가 되어야 한다는 점을 분명히 깨달았을 것이다. 서로 간의 동행에 성실히 임하려는 사람들은 그들의 교제와 목적 같은 중요한 문제들에서 서로 합의를 보아야 한다.

하나님의 지극히 높으신 뜻을 받아들이고 자신을 구별하여 그 뜻에 헌신하겠다는 자세가 되어 있지 못한 사람들이 아직도 많다. 그들은 '양다리를 걸친 사람들' 이다.

그리스도인의 유형들

그리스도를 믿는다고 고백하면서도 모든 것을 얻기 위해 모든 것을 포기할 준비가 아직 되어 있지 못한 그리스도인들은 다음과 같이 두 가지 유형으로 분류될 수 있다.

어떤 사람들은 기독교에 매우 관심이 많지만 그들은 기독교의 '보험적 가치' 때문에 그렇게 관심이 많은 것이다. 믿기 힘든 얘기지만 그들은 하나님께서 제공하시는 돌봄과 보호를 원한다. 또한 그들은 죽어서 지옥에 가지 않기를 원한다. 결국 그들은 천국을 보장받기를 원하는 것이다. 이 세상에서 하나님의 보호를 받고, 죽어서 천국에 가기 위해 그들은 교회와 선교회에 헌금하고 교회에서 벌이는 이런저런 사업들에 재정적 지원을 한다.

참으로 놀랄 만한 얘기지만 이것은 사실이다. 어떤 사람들은 교회를 지속적으로 후원한다. 심지어 그들은 천하고 상스러운 쾌락들을 삼간다. 이 모든 것은 하나님의 보호를 얻기 위함이다. 즉, 그들은 기독교의 '보험적 가치' 에 끌리는 것이다. 그들은 기독교가 제공하는 것을 원한다. 그들은 '보험적 가치' 가 없다는 이유로 현대주의(現代主義)나 자유주의(自由主義)에 관심을 보이지 않는다.

당신은 예수 그리스도께서 당신을 위해 십자가에서 죽으신 것을 기쁘게 여기는가? 만일 그렇다면 그 이유는 무엇인가? 그분의 죽으심으로 말미암아 당신이 이미 죽음에서 생명으로 옮겨지고 장차 심판을 받지 않을 것이기 때문인가? 당신은 천하고 상스러운 쾌락들을 멀리하는 건전한 삶을 살기를 원하는가? 만일 그렇다면 그 이유는 무엇인가? 그런 삶이 이생에서 하나님의 복을 받고 죽어서 천국에 가도록 보장해주는 보험 계약금이기 때문인가?

어떤 그리스도인들은 내가 이런 질문들을 던지는 것 자체를 싫어한다. 왜냐하면 이 질문들에는 "우리가 하나님의 보호와 천국을 노리고 신앙생활을 한다면 우리가 신앙을 고백하지 않는 죄인들보다 나을 것이 무엇이냐?"라는 뜻이 내포되어 있기 때문이다.

당신도 잘 알듯이, 죄인들이라고 해서 모두 비열한 것은 아니다. 죄인들 중에는 정직하고 선하고 고결한 사람들이 있다. 그런 사람들은 진실을 말해서 피해를 본다 할지라도 진실을 말할 사람들이다. 그들은 영생과 천국의 소망이 없는 사람들이다. 그들은 우리 주님을 따르지 않는다. 내가 아는 사람들 중에는 그리스도인이 아니지만 고상하고 윤리적이고 정직한 사람들도 있다. 심지어 내가 아는 어떤 사람은 너무나 고상하고 선하기 때문에 사람들이 그에 대하여 "저 사람이 예수님을 믿으면 정말 좋겠다!"라고 말할 정도이다. 그러나 그는 복음을 받아들이기를 계속 거부하면서 "나는 그리스도인이 아닙니다"라고 분명히 밝힌다. 그는 자기가 천국에 갈 자격을 획득했다고 말하지 않는다. 그는 자기가 기독교적 의미에서 구원받은 사람이 아니라는 것을 알고 있다. 그러나 그의 생활과 행동과 습관이 너무나 선하기 때문에 많은 그리스도인들을 부끄럽게 만든다.

둘째 / 사교적 그리스도인들

신앙을 영적인 눈으로 보지 않고 사교적(社交的)인 눈으로 보는 사람들은 성령 충만한 삶을 원하지 않는다.

이런 사람들은 신약성경의 기독교에 물을 타버렸기 때문에 기독교는 더 이상 그들에게 힘도, 생명도, 활력도 줄 수 없는 것이 되어버리고 만다. 그들은 신약성경의 기독교에 그들의 안이한 사고방식을 주입(注入)하여 그것을 묽게 해버렸다. 그들은 아주 통이 크다. 그러나 너무 커서 성령님과 동행하는 좁은 길을 갈 수 없다!

이런 사람들은 사교(社交)를 좋아한다. 그런데 문제는 기독교가 사교의 한계를 넘으려고 할 때에는 그들이 그것을 거부한다는 것이다. 나는 그들이 구원받지 못한 사람들이라고 독단적으로 말하고 싶지는 않다. 다만 나는 그들이 성령님과 동행할 준비가 되어 있지 않다고 지적할 뿐이다. 그리스도의 복음이 본질적으로 영적인 것이라는 데 이의(異議)를 제기할 수는 없다. 기독교의 진리가 성령님을 통하여 인간의 영혼 안에서 작용할 때 그리스도인들은 영적인 사람들로 변해간다.

신약성경의 영향보다는 세상의 영향을 더 받는 사람들이 있는데, 그들은 성령님과 교제할 준비가 되어 있지 않은 사람들이다. 그들은 예루살렘의 영향보다는 할리우드(Hollywood)의 영향을 훨씬 더 많이 받는다. 그들의 사고방식과 생활방식은 예루살렘보다는 할리우드에 가깝다. 만일 그들에게 신약성경의 교훈에 따라서 살라고 가르치면 그들은 매우 불편해할 것이다. 왜냐하면 생활방식과 기질이 하나님의 일들에 길들여지지 않았기 때문이다. 그들의 체질은 오늘날의 연예오락 산업에 아주 잘 적응한다! 대부분의 경우 오늘날 '복음'이라고 불리는 것의 실상은 세상적 즐거움과 생활방식과 야망을 사랑하는 마음에 정통 기독교를 접목(接木)시켜놓은 것에 지나지 않는다.

> 대부분의 경우 오늘날 '복음'이라고 불리는 것의 실상은 세상적 즐거움과 생활방식과 야망을 사랑하는 마음에 정통 기독교를 접목(接木)시켜놓은 것에 지나지 않는다.

성령님에 대해서 이야기를 하지만 아직 그분과 동행할 준비가 되어 있지 못한 사람들이 또 있는데, 그들은 바로 짜릿한 느낌을 얻기 위해 성령 충만을 원하는 사람들이다. 이런 사람들은 짜릿한 느낌을 맛볼 수만 있다면 어떤 대가라도 치르겠다고 나선다. 하지만 그들이 치르겠다는 대가에는 자신과 세상과 육신에 대해 죽는 것이 포함되지 않는다.

내가 이런 사람들에게 "당신은 하나님께서 당신에게 영향을 주실 수 있는 단계에 이르지 못했습니다"라고 말할지라도 그들은 내 말의 의미를 전혀 이해하지 못할 것이다. 사실 어떤 사람들은 성령 충만을 강조하는 내 주장을 듣고 불안해했다. 당신이 이제까지 자신에게 아무 문제가 없다고 믿으면서 살아왔는데, 어느 날 하나님의 신실한 종이 나타나 "당신이 정복해야 할 땅이 아직 많이 남아 있습니다"라고 말한다면, 당신은 아마도 불안하게 여길 것이다. 이런 마음은 하나님을 알기를 원하는 사람에게 찾아오는 '예비적 가책(呵責)'이다. 하나님의 말씀이 우리를 찾아와 가책을 느끼게 할 때마다 우리는 불안하게 여긴다. 그러나 이는 정상적인 것이다. 왜냐하면 우리가 불안해한다 하더라도 하나님은 부득이 우리를 혼란에 빠뜨리셔야 하기 때문이다.

성령님이 주시는 가책에 대해 이야기할 때 우리는 기독교 교리를 지적(知的)으로 아는 것과 그것을 마음으로 아는 것을 구분해야 한다. 신조(信條)와 교리문답을 배우고 기독교 교리를 암송하는 것은 하나님의 말씀을 마음으로 깨달아 아는 것이 아니다. 후자(後者)의 경우는 우리의 마음이 하나님의 말씀을 깨닫고 붙잡는 것이다.

나는 내가 아는 것보다 더 많은 사람들이 하나님을 갈망하는 마음으로 충만해지면 좋겠다. 하나님께서 그분의 신비롭고 비밀스러운 일들을 내게 다 말씀해주시는 것이 아니기 때문에, 나는 얼마나 많은 사람들이 나의 사역과 설교를 통해 유익을 얻었는지 알 수 없다. 그러나 나를 통해 영적 유익을 얻은 사람들이 다소간 있다는 것을 알기 때문에 하나님께 진정으로 감사한다. 그들은 내게 "목사님의 설교를 듣고 나는 하나님의 말씀을 마음으로 깨닫고 받아들였습니다"라고 말해주었다. 하나님을 향한 깊은 갈망, 그분을 찾아 헤매는 복된 열망 그리고 그분을 향한 끝없는 갈증이 어딘가에서 그들에게 찾아와 뼛속 깊이 파고들었기 때문에 그들은 나의 말을 마음으로 이해했던 것이다.

성령님과 거룩한 교제를 나누는 법

　영적으로 굶주린 자들은 그리스도를 단지 지옥을 면하기 위한 보험으로 삼지 않으며, 기독교를 단지 선한 사람들과 교제하기 위한 수단으로 삼지 않는다. 당신이 하나님과 예수님을 살아 계신 분으로 느낀다면, 당신이 하나님의 최고의 선물을 진정으로 갈망한다면, 나는 당신에게 성령님과 거룩한 교제를 나누는 법을 가르쳐주고 싶다.

성령님은 살아 계신 분이시다. 그러므로 그분께 가까이 가면 우리와 그분의 관계는 더욱 친밀해질 수밖에 없다. 그분은 인격체이시기 때문에 우리가 그분을 한 번 만나는 것으로는 그분을 다 알 수 없다. 중생(重生)을 통해 하나님을 알게 되고 양자 삼으심의 성령을 받으면 하나님에 대해서 알 수 있는 모든 것을 알게 된다는 잘못된 생각이 사람들을 지배하고 있다. 또한 회심 후에 성령 충만을 받는 것이 가능하다고 믿는 우리도 성령님에 대해 알아야 할 것을 모두 안다는 착각에 빠지기 쉽다.

오, 친구여! 우리는 겨우 시작했을 뿐이다. 하나님의 인격성(人格性)은 무한히 풍부하시고 다양하시기 때문에 우리가 천 년 동안 깊이 연구하고 그분과 교제를 나눈다 할지라도 그분의 영광스러운 본질의 표피(表皮)만을 알게 될 뿐이다. 하나님과의 교제 그리고 성령님과의 사귐은 지금 시작되어 평생 동안 성장하고 증가하고 성숙해야 할 것이다.

안타깝게도, 오늘날 내 주변을 돌아보면 삶의 대부분을 낭비하고 있는 그리스도인들이 눈에 띈다. 그들은 회심하여 그리스도를 영접했지만 그후에는 하나님을 더 깊이 알기 위해 노력하지 않았다. 그들의 삶에서는 말로 표현되지 않는 실패와 손실들이 발견되는데, 이는 그들이 주변 사람들의 낮은 신앙 수준을 정상적이고 바람직한 것이라고 믿기 때문이다.

성령님은 살아 계신 분이시기 때문에 우리는 그분과 교제하면서 그분을 깊이 알 수 있다. 우리가 그분께 속삭이면 그분은 우리가 사랑하는 성경구절이나 찬송가 가사를 통해 우리에게 다시 속삭이신다. 성령님과 동행하는 일을 반복하면 그런 습관이 길러진다. 시간적 여유가 생긴다면 공연히 잡담이나 하면서 시간을 때우지 말라. 그런 시간에는 하나님의 영과 교제하는 가운데 하나님을 더 깊이 알도록 노력하라. 이것이 아름답고 은혜로운 일이다.

둘째, 예수 그리스도께 온전히 몰두하라.

하나님과 동행하는 삶을 살기 위한 또 하나의 방법은 예수 그리스도께 온전히 몰두하는 것이다.

요한은 예수님이 명절 끝 날 곧 큰 날에 서서 다음과 같이 외치신 사건을 그의 복음서에 기록했다.

"나를 믿는 자는 성경에 이름과 같이 그 배에서 생수의 강이 흘러나리라 하시니 이는 그를 믿는 자의 받을 성령을 가리켜 말씀하신 것이라 (예수께서 아직 영광을 받지 못하신 고로 성령이 아직 저희에게 계시지 아니하시더라)"(요 7:38,39).

예수님이 영광을 받으신 다음에 성령을 부어주시는 것이 하

나님의 뜻이었다. 오순절 날에 성령님이 오셨을 때 베드로가
일어나 설교를 했는데, 그는 설교하면서 예수님의 약속을 상기
시켰다.

"이 예수를 하나님이 살리신지라 우리가 다 이 일에 증인이
로다 하나님이 오른손으로 예수를 높이시매 그가 약속하신 성
령을 아버지께 받아서 너희 보고 듣는 이것을 부어주셨느니라"
(행 2:32,33).

우리가 예수 그리스도를 더욱더 주님으로 인정하고 따를 때
성령님을 더욱 깊이 알게 될 것이다. 예수님이 말씀하셨듯이,
성령님이 하시는 일은 그리스도의 일들을 취하여 그것들을 우
리에게 보여주시는 것이다.

셋째, 예수 그리스도를 높여라.

당신이 그리스도를 높이면 성령님은 당신을 높여주실 것이
다. 우리가 그리스도와 동행할 때 우리는 성령님과 동행하는 것
이다. 왜냐하면 그리스도께서는 자신이 높임을 받는 곳에 언제
나 계시기 때문이다. 성령님은 구주 예수 그리스도를 높이는 사
람을 높이신다. 그분께 합당한 직함을 드림으로써 그분을 높이
자. 그분을 '주님'이라고 부르자. 그분이 주님이심을 믿자. 그
분을 '그리스도'라고 부르자. 그분이 그리스도이심을 믿자. 하

나님께서 "(유대인들이) 십자가에 못 박은 이 예수를 … 주와 그리스도가 되게 하시고"(행 2:36), "자기의 오른편에 앉히사 … 만물을 그 발 아래 복종하게 하시고 그를 만물 위에 교회의 머리로 주셨다"(엡 1:20,22)라는 것을 기억하자.

우리가 예수님을 높일 때 성령님은 우리 안에서 기뻐하신다. 예수님이 우리의 모든 것이 되실 때 성령님은 우리에게 충만히 임하여 우리와 교제하고 우리에게 그분 자신을 주시며, 태양은 떠오르고 천국은 가까워진다.

예수께 영광을 돌리는 것은 교회가 할 일이다. 예수님의 영광을 드러내는 것은 성령님의 사역이다. 내가 성령님께서 하시는 일과 동일한 일을 할 때, 내가 성령님이 가시는 방향과 동일한 방향으로 갈 때, 내가 성령님이 가시는 속도와 동일한 속도로 갈 때, 나는 성령님과 동행할 수 있다. 나는 순종과 복음증거와 교제로써 성령님을 높여야 한다.

넷째, 의(義) 가운데 행하라.

우리가 성령님과 더욱 깊은 교제를 나누려면, 의(義) 가운데 행해야 한다. 하나님께서 의롭게 살지 않는 사람들과 교제하시지 않는다는 것은 이론(異論)의 여지가 없는 진리이다. 우리는 이 진리에 대해 더 이상 왈가왈부해서는 안 된다.

은혜를 강조하는 이 시대에 사는 우리는 은혜를 필요 이상으로 과장했다. 우리는 하나님께서 성경에서 가르쳐주신 은혜의 교리를 기형적으로 과장했다. 유다가 예언했듯이, 지금 우리 주변에는 "경건치 아니하여 우리 하나님의 은혜를 도리어 색욕거리로 바꾸고 홀로 하나이신 주재 곧 우리 주 예수 그리스도를 부인하는"(유 4절) 자들이 있다. 우리는 은혜의 완전한 충족성(充足性)에 대해 숙고(熟考)하기를 아주 두려워한다. 그 결과, 우리는 그리스도인들에게 올바로 살라고 감히 말하지 못하는 지경에 이르렀다.

바울은 성령님이 주시는 감동을 받아 편지들을 썼는데, 그 편지들에서 그는 신령한 그리스도인들을 위한 거룩하고 영적인 교훈들을 제시했다. 이런 교훈들은 로마서, 고린도전후서, 에베소서, 골로새서 및 갈라디아서에서 발견된다.

산상수훈을 비롯한 예수님의 여러 교훈들을 읽어보라. 그러면 그분이 그분의 백성에게 정결하고 순수하고 올바른 삶을 요구하신다는 것을 알게 될 것이다. 나는 어떤 그리스도인 형제가 "토저 목사님은 '제자가 되는 것'과 '구원을 얻는 것'을 구분하지 못합니다. 우리는 제자가 되지 않고도 그리스도인이 될 수 있습니다"라고 말했다는 얘기를 들었다. 나는 이렇게 말한 사람에게 "제자가 되지 않고도 그리스도인이 될 수 있다고 말한 사람이 누구입니까?"라고 묻고 싶다. 나는 우리가 제자가 되지 않고

> 꽃이 피는 것이 봄을 오게 만드는 것은 아니지만 꽃이 피지 않는 봄은 있을 수 없다. 내가 나의 의(義) 때문에 구원을 얻는 것은 아니지만 내가 얻은 구원은 의를 낳는다.

도 그리스도인이 될 수 있다고 믿지 않는다. 주님께 나아가 은혜로써 모든 죄를 용서받은 사람, 하늘의 생명책에 이름이 기록된 사람, 목수이신 예수님이 하늘나라에서 아버지의 집에 예비하신 처소에서 장차 거하게 될 사람, 이런 사람이 하늘나라로 가는 길에 자기의 분노를 이기지 못해 한바탕 소동을 일으켜 사람들에게 상처를 준다는 것은 있을 수 없는 일이다. 성경은 결코 이런 일을 지지하지 않는다.

우리가 우리의 선행 때문에 구원을 얻는 것은 아니지만 우리는 선행 없이 구원을 얻는 것도 아니다. 그리스도를 믿는 구원의 신앙은 즉시 선함과 의로움을 낳는다. 꽃이 피는 것이 봄을 오게 만드는 것은 아니지만 꽃이 피지 않는 봄은 있을 수 없다. 내가 나의 의(義) 때문에 구원을 얻는 것은 아니지만 내가 얻은 구원은 의를 낳는다.

우리가 주님을 계속 깊이 알려면 의 가운데 행해야 한다. 우리는 이 사실을 명심해야 한다. 의로운 삶을 살 준비가 되어 있

지 않은 사람은 구원받지 못한 사람이다. 이런 사람은 구원받지 못할 것이며, 심판 날에 버림받을 것이다.

구원을 주는 하나님의 은혜는 우리가 불경건과 세상적 정욕을 거부하고 진실하고 의롭고 경건하게 살라고 가르친다. 이런 가르침은 우리가 인생의 세 가지 차원에서 어떻게 살아야 하는지를 보여준다. 다시 말해서 우리는 나 자신을 향해서는 진실하게, 이웃을 향해서는 의롭게 그리고 하나님을 향해서는 경건하게 살아야 한다는 것이다. 우리는 선하지 않으면서도 신령한 사람이 될 수 있다는 착각에 빠져서는 안 된다.

여기에 어떤 사람이 있다. 그가 습관적으로 저지르는 행위를 볼 때 우리는 그가 지옥을 향해 달려가고 있다고 결론 내릴 수밖에 없다. 그런데도 당신은 그가 천국을 향해 달려가고 있다고 말할 수 있는가? 당신이 무엇이라고 말하든지 간에 나는 절대 그렇게 말하지 못한다.

두 사람이 의합지 못하고야 어찌 동행하겠는가? 내가 동행해야 할 분은 성령님이시다. 만일 내가 거룩하지 못한 길을 간다면 나는 성령님과 교제를 나눌 수 없다.

다섯째, 당신의 생각을 지켜라.

내가 또 말하고 싶은 것은 당신의 생각을 거룩한 성소가 되도록 만들어야 한다는 것이다. 하나님께서는 우리의 생각들이 우리의 일부라고 말씀하신다. 누군가 "생각들이 곧 현실이다. 불꽃같은 눈길로 우리를 살피시고 우리의 모든 이야기를 옆에서 들으시고 우리를 온전히 사랑하시는 성령님은 우리의 생각들이 깨끗하기를 원하신다"라고 말했다. 악의적이고 사악한 생각들을 마음에 품은 사람들이 사랑으로 충만한 성령님과 교제를 나눌 수는 없다. 철저히 이기적인 사람이 성령님과 친밀한 교제를 나누는 것은 불가능하다. 남을 속이는 사람이 성령님과 복된 교제를 나누는 것은 불가능하다.

나의 친구여! 만일 당신이 습관적으로 더러운 생각들을 마음에 품고 소중히 여긴다면, 당신은 습관적으로 성령님과 교제를 나눌 수 없다. 당신의 마음을 깨끗이 하라. 구약시대에 히스기야 왕이 그랬듯이 성소를 청결케 하라. 그가 왕위에 오르기 전에 성소가 많이 더러워져 있었다. 그러나 권력을 잡았을 때 그는 제사장들을 소집했다. 여러 날에 걸쳐 그들은 성전의 더러운 것들을 끄집어내어 불태우거나 강에 던져버렸다. 그리고 돌아와 성전을 깨끗이 했다. 그런 다음에 비로소 하나님께서 그들을 찾아오셨으며, 그들은 다시 예배를 시작했다.

우리의 생각들은 우리가 살고 있는 성소의 내부를 단장한 장식품과 같다. 만일 우리의 생각들이 그리스도의 보혈로 깨끗케 되었다면 우리가 기름에 찌든 작업복을 입고 있다 해도 우리는 영적으로 깨끗한 방에 살고 있는 것이다. 대개의 경우 우리의 생각들은 우리의 기분과 태도와 자세에 영향을 미치는데, 하나님께서는 우

우리의 마음은 온갖 종류의 헛된 생각들이 잡초처럼 무성하게 자라는 황무지가 되어서는 안 된다.

리의 생각들을 우리의 일부로 보신다. 우리의 생각들은 평안의 생각, 긍휼과 자비와 친절의 생각, 사랑의 생각, 하나님과 그분의 아들에 대한 생각이어야 한다. 이런 생각들은 선하고 깨끗하고 아름다운 것이다. 그러므로 우리가 성령님과의 교제를 훈련하려면, 우리의 생각들을 통제해야 한다. 우리의 마음은 온갖 종류의 헛된 생각들이 잡초처럼 무성하게 자라는 황무지가 되어서는 안 된다.

성령님과 깊은 교제를 나누려면 우리는 또한 그분의 말씀을 통하여 그분을 더욱 깊이 알아야 한다. 하나님의 영이 성경에 감동을 불어넣으셨다는 것과 그분이 성경말씀을 통하여 계시된다는 것을 기억하라.

하나님의 말씀을 소홀히 하거나 무시하는 그리스도인들 그리고 하나님의 말씀이 아닌 다른 곳에서 어떤 계시를 발견하겠다고 애쓰는 그리스도인에 대해서는 내가 전혀 동의할 수 없다. 성경은 하나님의 책이다. 그러므로 성경을 충분히 알게 되

면 이 세상의 모든 문제에 대한 답을 얻을 수 있다.

우리와 관계된 모든 문제들에 대해 성경이 해답을 제공하고 있으므로 성경말씀을 가까이하라. 나는 말씀을 사랑하고 전하기를 원한다. 또한 나는 말씀을 나의 신앙생활의 가장 중요한 요소로 만들기를 원한다.

말씀을 많이 읽어라. 말씀을 자주 읽어라. 말씀을 깊이 새기며 묵상하라. 밤낮으로 묵상하라. 밤에 잠이 오지 않는다면 그 순간에 도움이 될 만한 말씀을 찾아보라. 아침에 일어나면 당신의 기분에 좌우되지 말고 말씀을 찾아라. 그리고 그 말씀을 붙들고 그날을 승리로 이끌라. 성경을 쓰신 분은 성령님이시다. 그러므로 당신이 말씀을 소중히 여기면 그분도 당신을 소중히 여기실 것이다. 그분은 말씀을 통하여 자신을 나타내신다. 성경책의 앞표지와 뒤표지 사이에 있는 것이 바로 '살아 있는 책'이다. 하나님께서 성경을 쓰셨기 때문에 성경은 여전히 역동적(力動的)이고 능력이 있고 살아 있다. 하나님이 성경책 안에 계시고 성령님이 성경책 안에 계신다. 그러므로 그분을 찾기 원한다면 성경으로 들어가라.

우리는 과거의 경건한 성도들을 모범으로 삼아야 한다. 그들은 하나님의 말씀을 붙들고 묵상했다. 그들은 구식(舊式) 수제품 의자 위에 성경책을 올려놓은 다음, 반질반질한 오래된 판자 바닥에 무릎을 꿇고 말씀을 묵상했다. 이렇게 하는 중에 그들의 믿음은 쑥쑥 자랐으며, 성령님의 조명을 받아 깊은 신앙적 깨달음을 얻었다. 그들은 질(質)이 떨어지는 종이에 작은 활자로 인쇄된 여백 좁은 성경을 가지고 있었지만, 호화판 장정의 성경을 가진 우리보다 성경을 더 많이 알았다.

성경을 묵상하는 기술을 훈련하자. 그렇다고 해서 성경묵상 모임을 만들지는 말라. 지금 우리에게는 모임들이 너무 많아 부작용이 나타나는 것 같다.

성경을 묵상하는 기술을 훈련하자. 그렇다고 해서 성경묵상 모임을 만들지는 말라. 지금 우리에게는 모임들이 너무 많아 부작용이 나타나는 것 같다. 그러므로 당신 혼자 묵상하라. 소박하게 말씀을 붙들고 깊이 사색하는 그리스도인이 되자. 성경을 펴서 책상 위에 올려놓고 하나님의 말씀을 묵상하자. 그러면 말씀이 우리에게 열릴 것이며, 하나님의 영이 마치 안개처럼 우리를 덮으실 것이다.

나는 당신에게 한 달 동안 기도하면서 조용히 경건한 마음으로 말씀을 묵상하기를 권하고 싶다. 이렇게 할 때 질문을 던지지 말라. 질문에 대답하려고 애쓰지도 말라. 당신이 이해할 수도 없는 부분에 대해 답을 얻으려고 머리를 짜내지도 말라. 세상의 쓰레기 같은 것들을 다 옆으로 밀어놓고 성경을 집어라. 그리고 무릎을 꿇고 "하나님 아버지! 제가 여기 있나이다. 저를 가르치소서"라고 기도한 후 말씀을 묵상하라. 그러면 하나님이 그분 자신과 예수님과 성령님에 대해 가르쳐주실 것이다. 뿐만 아니라 생명, 죽음, 천국, 지옥 그리고 하나님의 임재에 대해서도 가르쳐주실 것이다.

여섯째, 성령님의 임재를 훈련하라.

우리는 언제 어디서나 성령님의 임재를 느끼는 훈련을 해야 한다. 주님의 영은 온 세상에 충만히 거하신다. 성령님은 지금 여기에도 계신다. 당신이 그분의 임재를 피해 숨을 곳은 없다. 그분의 임재를 피해 숨으려고 애썼던 다윗도 그가 하나님을 피하여 도망할 수 없다고 시편 139편에서 고백하고 있다.

그의 말을 들어보자.

"내가 하늘에 올라갈지라도 거기 계시며 음부(陰府)에 내 자리를 펼지라도 거기 계시니이다 내가 새벽 날개를 치며 바다 끝에 가서 거할지라도 곧 거기서도 주의 손이 나를 인도하시며 주의 오른손이 나를 붙드시리이다"(시 139:8-10).

이렇게 말한 그는 결국 "내가 혹시 말하기를 흑암이 정녕 나를 덮고 나를 두른 빛은 밤이 되리라 할지라도 주에게서는 흑암이 숨기지 못하며 밤이 낮과 같이 비취나니 주에게는 흑암과 빛이 일반이니이다"(시 139:11,12)라고 고백한다. 그는 자기가 하나님의 임재를 피하여 다른 곳에 숨을 수 없다고 분명히 고백했다.

하나님과 대화를 나누고 싶은 마음이 당신에게 있다면 당신이 지금 있는 곳에서 당장 그렇게 할 수 있다. 그분은 당신을 완전히 둘러싸고 계신다. 아침에 일어나면 먼저 신문에 머리를 파묻지 말고 과일을 먹으면서 하나님을 생각하라. 성령님과 사귀는 훈련을 하는 것은 우리가 의식적으로 노력해야 할 일이다. 이것은 당신이 마땅히 행해야 할 의무이지만, 아주 편하고 즐거운 의무이다.

이제 나는 당신에게 당신이 그리스도인으로서 깊은 영적 체험을 하는 데 방해가 되는 것이 무엇인지를 찾아보도록 권하고 싶다. 어쩌면 당신은 영적으로 아무런 진전이 없었을지도 모른다. 심지어 당신은 과거보다 영적으로 더 퇴보했을지도 모른다. 당신의 영적 상태를 점검하는 방법은 당신의 일상생활과 습관들을 점검하는 것이다. 다시 말해서 당신이 행하고 있는 일들과 당신이 행하지 않는 일들을 자세히 살피면 현재의 영적 상태가 드러날 것이다. 이런 것들이 당신에게서 예수님의 얼굴을 가리는 쪽으로 작용하는가? 이런 것들이 당신의 마음에서 기쁨을 앗아가는가? 이런 것들 때문에 하나님의 말씀이 전보다

덜 달게 느껴지는가? 이런 것들 때문에 세상은 더 좋아 보이고 천국은 더 멀게 느껴지는가?

어쩌면 당신에게 회개가 필요할지 모른다. 보혜사 성령님이 오셔서 당신의 마음을 따뜻하게 해주시기를 원하는가? 성령님이 당신의 마음에 새로운 활력을 불어넣어주시기를 원하는가? 성령님이 그 임재의 향기로써 당신의 영혼을 채우시기를 원하는가? 그렇다면 당신의 영혼을 깨끗이 하라. 성령님과 동행하며 교제하려면 우리의 영혼을 정화해야 한다.

보혜사

초판 1쇄 발행	2006년 6월 15일
초판 16쇄 발행	2022년 11월 30일

지은이	A. W. 토저
옮긴이	이용복

펴낸이	여진구		
편집	이영주 정선경 최현수 안수경 김도연 김아진 정아혜		
디자인	마영애 노지현 조은혜 이하은		
홍보·외서	진효지		
마케팅	김상순 강성민 허병용	**마케팅지원**	최영배 정나영
제작	조영석 정도봉	**경영지원**	김혜경 김경희 이지수

303비전성경암송학교 유니게과정 박정숙
이슬비전도학교 / 303비전성경암송학교 / 303비전꿈나무장학회

펴낸곳	규장

주소 06770 서울시 서초구 매헌로 16길 20(양재2동) 규장선교센터
전화 02)578-0003 **팩스** 02)578-7332
이메일 kyujang0691@gmail.com　　　　**홈페이지** www.kyujang.com
페이스북 facebook.com/kyujangbook　　　**인스타그램** instagram.com/kyujang_com
카카오스토리 story.kakao.com/kyujangbook
등록일 1978.8.14. 제1-22

책값 뒤표지에 있습니다.
ISBN 89-7046-387-9 03230

규 | 장 | 수 | 칙

1. 기도로 기획하고 기도로 제작한다.
2. 오직 그리스도의 성품을 사모하는 독자가 원하고 필요로 하는 책만을 출판한다.
3. 한 활자 한 문장에 온 정성을 쏟는다.
4. 성실과 정확을 생명으로 삼고 일한다.
5. 긍정적이며 적극적인 신앙과 신행일치에의 안내자의 사명을 다한다.
6. 충고와 조언을 항상 감사로 경청한다.
7. 지상목표는 문서선교에 있다.

하나님을 사랑하는 자 곧 그 뜻대로 부르심을 입은 자들에게는 모든 것이 합력하여 善을 이루느니라(롬 8:28)

Member of the
Evangelical Christian
Publishers Association

규장은 문서를 통해 복음전파와 신앙교육에 주력하는 국제적 출판사들의 협의체인 복음주의출판협회(E.C.P.A:Evangelical Christian Publishers Association)의 출판정신에 동참하는 회원(Associate Member)입니다.